사람 사막

이승하 시집

■ 시인의말

이 시집에 실린 모든 시에는 사람의 이름이 나옵니다.
이번에는 시를 쓰면서 인간을 연구하고 싶었습니다.

2023년 여름에
이승하

차례

■ 시인의말 3

1부 시인들

낮술 두어 잔 11
나 소월이오 14
자야에게 16
인간 수영 18
천상병과 박재삼 20
기형도에게 22
오래 아프면 아름다울 수 있다—두보초당에서 24
천국의 랭보—여행에의 권유 26
시인의 범죄 28
행려병자의 노래—나혜석 30
그 이상, 그 이하 32
죽기 전에 먹고 싶었던 것 36
대동강변을 미쳐서 돌아다닌 여인 38
미당의 묘소에 와서 40
잃어버린 성을 찾아서 42
구름을 보며 노래하다—한하운이 R에게 44
도대체 왜 그리 술을 —박인환에게 46
시의 향기—박희진 시인 영전에 47
그렇게 우는 한 마리 새—천상병 시인 생각 48

지푸라기처럼—인병선 여사에게 50

80년 동안 잘 놀았다—정진규 시인 장지에서 52

데스 밸리 사막의 밤—송석증 시인에게 54

저 광활한 우주 속으로—박정만 시인 생각 56

윤상규인가 윤후명인가 58

자살한 시인을 위한 송가 60

떠도는 사자들의 거리에서 62

2부 폭력

새남터 망나니 67

국경을 넘는 김대건 안드레아 70

연옥에서 72

말의 사막에는 오아시스가 없다 74

화가가 제 눈 찍다 76

마르크스 머리 위의 새 78

붓을 버리고 칼을 들다—면암 최익현에게 80

나, 명성황후란다 82

슬픔은 끝이 없다 85

고달사지에 와서 운다 88

역대 대통령 90

가네코 후미코의 유서 92
의사 혹은 테러리스트
―2003년 10월 26일, 하얼빈 역사에서 94
마음껏 울어라 백두산 호랑이
―장편소설『범도』를 쓴 방현석 작가에게 98
어떤 목련에 대한 생각 100
Big News 103
도스토예프스키, 형장으로 끌려가는 동안 108
이런 기적이 109
스티븐 패덕의 넋두리 111
윤회와 부활 114
끌려간 목사―배형규 목사*의 부음 앞에서 116

3부 비폭력

기억나는 것들―전선애가 조만식에게 121
이름 122
꽃과 피
―경기도 양평 중미산천문대에서, 아들에게 124
사막을 건너는 법
―영화〈아라비아의 로렌스〉를 보다 126

나 은율서 춤 좀 췄었소
—인간문화재 장용수 옹 영전에 128
그대 춤추라—최승희 생각 131
문학평론가 김윤식 133
소설가 김승옥의 침묵 138
어둠 끝에 서다—영화배우 이영호 님께 140
가수 김현식 생각 142
밤의 계단—한빛맹아학교 졸업식장에서 144
빈다 146
없다 148
저절로 태어나는 것은 이 우주에 없다
—아내에게 150
소설가 구보씨의 눈물 152
항해가 끝났으니
—소설가 송상옥 선배님 영전에 154
내 동생 태어난 날—선영이에게 156
꿈꾸는 작은 돌멩이 157

■ 해설 _ '사람 사막'에서 비를 구하는 시혼 159

1부 시인들

낮술 두어 잔

갑자기
세상이 푸근하게 여겨지는 것 있지
마음 한구석 나를 누르던 짐
누가 가져갔나 몸도 마음도 가벼워지고

하지만
눈꺼풀은 자꾸 무거워지네
식후의 두어 잔 감미로운 소주여
음식점 문을 나서니
아내를 제외한 세상의 모든 여자가 아름답다

80년대에 김영승 시인을 대낮에 다섯 번 만났네
다섯 번 다 취해 있었지
문단 행사장에서 누구 시상식장에서
조롱하고 깽판도 치더니
술을 마시지 않게 된 이후
김 시인 만나도 재미난 일 하나 없네
그 시절이 좋았지(안 그래요, 김형?)
사람이 때로는 말야
점잖지 않을 때가 좋은 거야

90년대에 윤후명 선생을 대낮에 세 번 만났네
세 번 다 취해 있었네
철야 통음 후 낮에도 이어진 술자리
하지만
실수 없었고 노래는 좀 불렀지
장가 세 번 가시더니 술 딱 끊더라
나
장가는 다시 가고 싶지만
술은 끊고 싶지 않네

술꾼이야
밤새 마시고 낮에도 취하지만
나는 그저 두어 잔
(술 정말 못하고 약하다오)
혈색 그대로 음성 그대로 자세 그대로

그래
슬프고 괴로운 것에만 집착해서 어찌 사나
오늘 비 그친 오후
세상이 이렇게 따뜻하니 좀 좋아
깨끗해서 좋구나

소주여

* 김영승(1959~)

나 소월이오

그래
내 아비는 미쳐서 들로 산으로 돌아다녔소
정주 곽산 사이 철도 부설하던 일본인 일꾼들에게
몰매 맞아 미쳐버린 아비
나중엔 방 안에 틀어박혀 있다 굶어죽었소
때리면 맞아야 하는 세상

그래
스물한 살 나이에 일본 도쿄상과대학에 입학했소
고작 1년 다녔을 때 지진이 났소
집들이 무너지고 사람들 비명 천지를 울리는데
아닌 밤중에 홍두깨로 조선인들을
길거리에서 때려죽이는 걸 보았소
때리면 죽어야 하는 세상

그래
한풀이 시 쓰기도 이젠 지쳤소
할아버지 광산사업 실패로 끝났는데
내가 무슨 신문사 지국을 한다고
배포와 판매와 수금
신문 좀 봐 주소 돈 좀 벌게 해 주소

가난하면 굶어야 하는 세상

에라이, 아편이나 술에 타 마실까
맨정신으로 어찌 살아가겠소

* 소월 김정식(1902~1934)

자야에게

나랑 만주 가 살자
거긴 바람 찬 대지다
거긴 눈보라 치는 산간이다
나 알아보는 사람 없으니 허허벌판이다

너는 오늘부터 자야다
이백의 자야오가
집집마다 다듬이 소리
전쟁 나간 남정네 그리며
다듬이질로 밤새우는 장안의 아낙네들
너는 오늘부터 나의 자야다

나랑 만주 가 살려면
북관의 여인처럼 튼튼해야 할 텐데
너는 종아리도 가늘고 팔도 가늘고
이 작은 손으로 뭘 할 수 있겠나

집에서는 장가 들라고 난리
손자 안아보고 싶다고 성화
너는 기생이니 나랑 혼인은 안 되고
가자, 만주 가 숨어 살자

깊은 산골로 가서
마가리에 살자

* 백석(1912~1996), 자야 김영한(1917~1999)

인간 수영

아무리 그래도 그렇지
사람들이 다니는 한길에서 대낮에
아내를 우산으로 난타
우산을 영영 못 쓰게 될 정도로
때리는 법이 어디 있소
그 일을 자랑스럽게 글로도 썼소

아무리 그래도 그렇지
동짓날에는 반드시
여관에서 오입을 하고 나와
자신의 남성성이 자랑스러워 의기양양
여성을 비하하는 발언을 아무렇지도 않게
그 일을 자랑스럽게 글로도 썼소

"계집을 정복하고 나오는 새벽의 부푼 기분은
세상에 무엇 하나 부러울 것이 없다.
이것은 탕아만이 아는 기분이다.
한 계집을 정복한 마음은 만 계집을 굴복시킨 마음이다.
자본주의의 사회에서는 거리에서 여자를 빼놓으면 아무
것도 볼 게 없다."

아무리 그래도 그렇지
박인환의 짓거리가 마음에 안 들어도
장례식장에도 안 가고 추모식에도 안 가고
추모시 쓴 사람들을 일일이 욕했소
시비 제막식에는 갔었다고
시비가 얼마나 큰가를 보러
그 일을 자랑스럽게 글로도 썼소

시로는 사랑의 변주곡을 들려주었고
바람이 되어 풀을 눕혔고 스스로 거대한 뿌리였지만
겁 많은, 옹졸한, 비겁한, 파렴치한……
아니, 인간적인, 너무나도 인간적인……

* 김수영(1921~1968)

천상병과 박재삼

두 사람 술 실력은 막상막하
시 실력도 막상막하

하루는 잔뜩 취한 천상병을
박재삼이 재워 주게 되었지
단칸셋방
재삼은 부인과 아이들을 한쪽 벽으로 밀치고 잠이 들었지

소나기 오는 소리에 잠을 깨보니
천상병이 방구석에다 엄청난 소변을 싸놓고
태평스럽게 잠을 자는 것이었다

박재삼은 몇 차례 이사를 했지만
부인과의 약속 때문에 천상병에게는 집을 가르쳐주지 않았다고

귀천 한 편만으로도
불멸의 시인이 된 천상병
울음이 타는 가을강 한 편만으로도
불멸의 시인이 된 박재삼

−새벽빛 와 닿으면 스러지는 이슬 더불어
하늘나라에서 천상병은 박재삼의 손을 잡고
어느 술집 앞을 기웃거리고 있을까
돈이 없어 들어가지는 못하고

* 천상병(1930~1993), 박재삼(1933~1997)

기형도에게

형도!
그래도 3, 4년에 한 번은 찾아온 자네 묘지
이제는 영 못 오겠네

나 안성 떠날 날도 2년밖에 안 남았고
은사이자 대부님 구상 시인의 묘가
왜관으로 이전케 되었으니
안성천주교공원묘지에 안장돼 있는 자네
그레고리오!
이제는 영 못 오겠네

자네 죽기 얼마 전이었지
남진우 결혼식 때 부른 축가
영화 로미오와 줄리엣의 주제곡
케플릿가의 축제 전곡을 자네는
어쩜 그렇게 높은 음까지 목청껏!
그 노랫소리 내 귀에 아직도 쟁쟁하네

중앙일보사 기자와 중앙일보 신춘문예 출신인 내가
중앙일보사 앞 음식점에서 만났었지
나 땜에 등단 1년 늦어졌다고

질투는 나의 힘 창작 동기를
유쾌하게 웃으면서 얘기하더니 자넨
파고다공원 근처에 있는 파고다극장에서
한밤중에 혼자서

형도!
그래도 5년에 한 번쯤은 와보겠네
자네 시를 내 딸이 좋아하니 걔랑 같이 와 보겠네

* 기형도(1960~1989)

오래 아프면 아름다울 수 있다
―두보초당에서

4월의 바람은 여기서도 부드럽구나
연못에는 연잎 연못가에는 기암괴석
꾸며놓은 정원이야 후세 사람들의 것
대나무 숲 그늘 아래서 땀을 닦는다

다리 건너니 나타나는 초막 한 채
서재도 만들어놓고 응접실도 그럴듯하다
두보가 이런 좋은 집에서 살았을 리 없다

부모 형제 일찌감치 뿔뿔이 흩어지고
처자식 굶는 꼴 보다 못해 집 떠났던
두보,
그대 깡마른 동상의 얼굴이 나를 보고
더 서러워야 한다고 말하는 것 같다

닷새를 굶어본 적이 있냐고
굶어 죽은 딸자식이 있냐고
폐병에 중풍, 학질에 당뇨병
한쪽 귀까지 먹은 사람이 있냐고

도토리 줍고 마를 캐어 먹여 살린 식구

거적 지붕 낡은 배 한 척이 집이었던
두보,
약초를 캐면서도, 내다 팔면서도 시 생각하고
동정호에 가서도, 악양루에 가서도 시를 썼던

오래 아파서 아름다웠던 이여
영광은 언제나 고난 뒤에 오는 것
나 돌아가 많이 아파보아야 한다

* 두보(712~770)

천국의 랭보
―여행에의 권유

세상이 나로부터 등 돌린 것을 알았을 때
내가 할 수 있었던 유일한 것은
세상으로부터 등 돌려버리는 것

에라, 가야겠다
손때 묻은 책과 잡스런 글 써놓은 노트 전부 불질러버리고
걸어서, 저 알프스산맥을 걸어서 넘어가야겠다
제기랄, 세상이 이렇게 매몰찼던 걸 진작 알았더라면
친구 하나쯤은 잘 사귀어놓을 것을
애인 하나쯤은 잘 길들여놓을 것을

증오와 욕설, 이 망할 도시의 온갖 구설수
사람과의 다툼과 눈치보기가 한없이 지겨워졌을 때
너의 그 따뜻한 엉덩이도 내겐 위안이 될 수 없었지
내가 내 남근을 하룻밤 불끈 세워
창조할 수 있는 생명이 없는데
시는 무엇 말라비틀어진 것인가
밤에 피었다 아침에 시드는 저 숱한
밤거리의 여인들이 지니고 있는 그윽한 음부처럼

멍청한 애늙은이 너의 유혹을 뿌리치고

취한 배에 몸을 실어 머나먼 서인도제도로
침묵하는 호수와 우울한 숲이 있는 스칸디나비아반도로
사막의 선인장이 비를 기다리는 이집트로
공사판의 십장이 되어 키프로스 섬으로
무기 밀매상이 되어 예멘의 항구도시 아덴으로
우와, 백인이 단 한 명도 발 들여놓지 않은
에티오피아의 오지 오가덴 지방으로!

저 길,
가고 싶은 지금 즉시 가지 않는다면
너희들은 산 주검이 아니면 죽은 목숨인 것을
나 이제껏 지옥에서 사계절을 났으나
지글지글 들끓는 내 마음 같은 적도의 태양
선명한 북반구의 별자리와 몰약같이 황홀한 오로라
뱃길을 가로막고 쉬어 가라 유혹하는 저 자옥한 해무*海霧*가
다 내 것이다…… 나의 것, 나의 천국!

* 아르튀르 랭보(1854~1891)

시인의 범죄

보들레르
친모와 양부가 아들에게 소송을 걸었다
랭보
배를 안 타보고 풍랑 만나 취한 배를 노래했다
베를렌
아내 앞에서 아기를 집어던졌다
그들은 세계적인 시인

보들레르
예술원 회원이 되려고 그리 애를 썼다
다들 비웃었고
시집 때문에 외설죄로 재판받았다
랭보
스무 살 되고부터 시를 아예 안 썼다
베를렌
신혼인데 침대에 랭보를 끌어들였다

댄디보이 보들레르
창녀 뒤발에게 돈 갖다 바치다
한정치산자 되어 가난하게 살았다
동성애자 랭보

베를렌과 사랑싸움하다
베를렌이 쏜 총에 맞아 다쳤다

보들레르
최초의 상징주의자
랭보
최초의 발견자, 견자의 시학
베를렌
살인미수로 옥살이를 했다

보들레르처럼 성병에 걸려야 시인이 되는가?
랭보처럼 무기 밀매상이 되어야 시인이 되는가?
베를렌처럼 총을 휘둘러야 시인이 되는가?

* 샤를 보들레르(1821~1867), 폴 베를렌(1844~1896)

행려병자의 노래
—나혜석

그대 위하여 나 집을 지었지
비바람과 땡볕 가려주는 집
폭풍우 속에서도 창만 닫으면
견고한 하나의 성채
안식할 수 있는 안방과
일용할 양식이 있는 부엌

하지만 나는 떠난다 또 다른 생을 위하여
불 켜진 집의 아늑함을 버리고
아녀자의 젖은 손을 버리고
전율을 찾아서
기대를 배반하는 새로운 충격을 느껴보려
이 집에서의 모든 기억을 버리기로 마음먹는다

나를 위하는 나는
이 집을 떠난다 날개를 편 저 새들처럼
태양을 향해 날아오르는 거다
대양을 향해 끼룩끼룩 우는 거다
숲의 향기를, 갯가 비린내를 맡지 못하고 나는
창을 닫으며 살아왔다 불을 지키며 살아왔다

나 이제 그대들을 떠난다
남편이여 애인이여 자식들이여
떠남으로써 다시 시작하려는
이 아내의, 여인의, 에미의 반란을
용서하여라 그리고 원망하여라
낮은 천장 보며 죽느니 나, 하늘 보며 죽으리

 * 나혜석(1886~1949)

그 이상, 그 이하

1

현해탄 검푸른 물결을 타넘고 싶었던 거다
모국어가 국어가 아닌 나라에서
적이면서 스승인 사람들이 사는 나라로
그래, 죽을 곳을 찾아 동경으로 갔던 거다
결핵균 득시글대는 그 폐로 죽음을 살아내려고 했었지
선연한 피의 언어로 삶을 암장하려고 했었지
타들어가는 담배 끝같이 새빨간 색깔,
앗! 뜨거운 그 목숨
백구두 위에 토한 피는 시대의 혈서*
"레몬을 구해다 주오."

원한 것이 레몬이건 멜론이건
그것이 무어 그리 중요한가
불령선인도 아니면서 초췌한 얼굴, 퀭한 동공
제국의 수도, 제국대학의 부속병원에는
금홍이도 없고 구보도 없고 구본웅이도 없고
흰 벽, 흰 천장, 흰 가운의 의사
붉은색은 동그라미 외눈박이 전구뿐

식민지에서 태어났다는 것 – 그것은 종이
폐병환자라는 것 – 그것은 펜
기이한 몰골로 오감도 그리기에 골몰하는……
유사 이래 가장 짧은, 가장 긴
너무나 이상한, 조금도 이상하지 않은
조선반도 소설의 솥단지, 해체시의 시작
최후의 수필 제목이 왜 하필 '東京'이었을까
동경을 동경하여 식민종주국의 한복판에서

이름도 갈고 성까지 간
그 이상(李箱, 1910~1937)

2

황실의 후손이면 무엇 하나
호미질할 텃밭도 없고 쟁기질할 전답도 없으니
집에는 약 달이는 냄새 끊이지 않고
나이 스물에 백발이 된 사람
"부친 이름이 진숙晋肅이니 진사進士시험을 못 친다!"
과거시험장 입실이 안 되니 십년공부 도로아미타불
잔칫집에 가서 술상 받으면 시를 썼지

초상집에 가서 젯밥 받으면 귀신을 울렸지
건들건들 나귀 타고 오면서 시상 떠올리고
한들한들 호롱불 아래서 고치고 또 고치고

한 맺힌 피는 흙 속에서 천년토록 푸르리라고**
그대에게 권하노니 종일 거나하게 취하라고***
그래, 지상에서 천상을 꿈꾸었지
다 타버린 촛불 심지같이 까무룩 빛을 잃고,
앗! 새까만 그 목숨
저승과 이승을 넘나들고, 귀신과 어울려 놀다

죽어서 시귀詩鬼가 된
그 이하(李賀, 790~816)

3

이상이 이하보다 1년 더 살았다
그들보다 갑절을 더 산
나
삶의 두께 켜켜이 저며 넣은
시 한 편 쓰지 않았다

뜨거운 피의 시, 그 이상 같은 시를
차가운 술의 시, 그 이하 같은 시를

* 김기림은 「고故 이상의 추억」에서 "그는 스스로 제 혈관을 짜서 '시대의 혈서'를 쓴 것이다."라고 했다.
** 이하의 「秋來」에 나오는 "恨血千年土中碧"이라는 구절.
*** 이하의 「將進酒」에 나오는 "勸君終日酩酊醉"라는 구절.

죽기 전에 먹고 싶었던 것

폐결핵에 걸리면 시한부 인생이 되는 것
다 죽어가면서도 펜을 잡고서
김유정, "닭과 구렁이를 고아 먹어야겠다."
이상, "레몬을 구해다 주오."

이빨로 대충 씹어 꿀꺽 삼키면
식도를 타고 내려가는 것
그대들 그토록 먹고 싶어 찾았건만
못 구했다 못 먹었다

돌아가신 어머니가 가끔 해주신
콩죽이 오늘따라 사무치게 먹고 싶다
아내가 해놓으면 식구들 중 나 혼자만
퉁퉁 불어터질 때까지 먹는 콩죽

나 죽기 전에 딱 한 번만
어머니가 해주신 바로 그 콩죽의 맛
맛보고 싶다 구수한 콩죽 먹으며
스르르 잠들고 싶다 영원한 잠, 편안한 잠을

먹고사는 것보다 더 힘든 것이 있으랴

구걸해서라도 먹어야 사는 법
돌아서면 입은 아 배고파 소리치고
위장은 꼬르륵 맞장구를 친다
시는 배가 고파야 나오는 것이거늘
나 삼시세끼 꼬박꼬박 먹으며, 배부르게 먹으며

죽기 전에 먹고 싶었던 것
먹지 못하고 죽어서 목이 메는 절명이다 단명이다

* 김유정(1908~1937), 이상(1910~1937)

대동강변을 미쳐서 돌아다닌 여인

내 남편의 시체를 돌려주시오
장례라도 치를 수 있게 해주시오

당신의 남편은 미제의 간첩이었소
시체는 돌려줄 수 없소

그대 머리 산발한 채 울부짖고 있구나
여보- 여보- 목이 터져라 부르짖어도
싸늘한 강바람
아무도 그대 거들떠보지 않는다
혀를 차며, 고개 절레절레 흔들며 지나가는
평양시민들

어떻게 돌아가신 것일까
시신은 어떻게 처리되었을까
마지막 남긴 말씀이 있었을까

인간의 울부짖음이 산천초목을 떨게 한다
인간의 슬픔이 천둥 번개를 치게 한다
아무것도 할 수 없는 무력감과
아무것도 알 수 없는 무지함 사이에서

오락가락하던 비 마침내 태풍을 몰고 온다
강변의 느티나무 뽑히고 지붕이 날아간다
지긋지긋해라 이젠 몸서리가 쳐져요
대동강을 넘실넘실 범람케 하는 지겨운 장마여

강바람이 차다 하늘이 슬피 운다
빗물에 흠씬 젖은 저 여인 지하련
며칠 대동강변을 울며 울부짖으며 돌아다니다
사라져버렸다 그리고 70년이 지나갔다
그녀의 최후를 아는 사람이 없다

* 월북한 임화(1908~1953)는 간첩 활동을 한 죄로 이강국·이승엽·조일명·배철·설정식 등과 함께 교수형을 당했다. 임화의 부인 소설가 지하련(1912~?)은 미쳤다는 소문만 남긴 채 행방불명되었다.

미당의 묘소에 와서

스승은 많이 취했다
국화 향기에 어지러워
비틀거리며 저승과 이승을 넘나든다

사람도 아니고 귀신도 아니고
죄인도 아니고 천치도 아니고
8할이 바람이었다면 나머지 2할은?

지금 아이들은 미당의 시를 모른다
전북 고창에는 선운사가 있고 꽃무릇 축제가 있고
시인부락은 시인의 마을?

생의 오점 세 가지를 들먹이며*
이름을 딴 상에 찬물 끼얹는 사람들
스승은 추워서 잠들 수 없다

맥주를 무덤에 뿌린다 잔디야 너나 취해라
상석 위에 담배 놓고 절하지만
부질없다 한국 시의 행정부는 가고

사법부만 남아 있다 우리는 모두 서슬 푸른 검사

구형한다 단죄한다 북북 지운다
교과서에서 빼고 문학사에서 비웃는다

인간은 신이 아니다 붓다도 마호메트도 예수도
신이 아니었다 미당은 신이었다
시의 조화옹, 언어의 조물주

그러나 실수투성이 과오투성이 아아 바보같이……
도대체 왜?
인간이 아닌 제우스 같은 신이었으니까

스승을 오래 미워했다 미당은 갔다고
예수를 세 번 부정한 베드로처럼 부정했다
미치겠다 잔뜩 사온 캔맥주 나 혼자 다 마시고

울며 풀 쥐어뜯으며 환장한다
스승이여 왜 그런 시를 왜 그런 짓을
여전히 집 없이 떠도는 시인이여

* 나의 대학교 은사이신 서정주 시인(1915~2000)은 친일문학 작품을 여러 편 썼고 이승만 전기를 썼으며 전두환 찬양시를 썼다.

잃어버린 성을 찾아서

창씨는 해도 개명은 하지 않았다
히라누마 도오쥬우[平沼東柱]
일본 본토에 가 공부한다는 것이 그다지 욕된 일이었을까
성씨를 고쳐 신고한 날 1942년 1월 29일
그 닷새 전에 시를 썼지 「참회록」을
여백에 낙서할 때의 기분이 어땠을까
－시인의 고백, 도항증명, 힘, 생존, 생명, 문학, 시란? 不知道, 古鏡, 비애 금물*

조상을 부정하라고 한다
히라누마 도오쥬우!
하이!
매일 매시간 일본 교수가 출석부 보며 부른 낯선 성
대답할 때마다 떨리는 입술
육첩방은 남의 나라 내 나라가 아닌데
시를 썼기에 요시찰인물
시를 썼기에 1945년 2월 16일 오전 3시 16분
후쿠오카 형무소 캄캄한 독방에서
크게 한 번 외치고 쓰러져 죽었다
윤－동－주－!

* 윤동주(1917~1945)는 1942년 1월 24일에 쓴 시 「참회록」 아래에 이런 낙서를 해 놓았다.

구름을 보며 노래하다
―한하운이 R에게

태어난 모든 것들에게 남아 있는 일은
죽는다는 것
죽을 땐 응당 죽겠지만
그대
아프지 말라
나처럼
아프지 말라

북한의 그대
살아는 있소?
소식 한 자 전할 수 없는데
이 세상에는
못 만나 병난 사람들이 이렇게 많소
고아가 아니면 과부
환자가 아니면 미감아

못 만나는 우리는 남남북녀
나비도 살아서 저렇게 날고
고양이도 짝을 찾아 저렇게 우는데
북으로 가는 모든 길이 막혀
기가 막혀

오늘도 나 韓何雲

북으로 가는 구름을 어찌하여 쳐다보고 있다오

* 한하운(1919~1975)

도대체 왜 그리 술을
―박인환에게

사랑한다면서 왜?
보고 싶다면서 왜?
같이 있자면서 왜?

지금 그 사람의 이름은 잊었지만
그 눈동자 입술
내 가슴에 있다면서 왜?

어린 딸에게
잘 울지도 못하고
힘없이 자란다고 하고선 왜?

명동을 그토록 사랑하여
큰소릴 뻥뻥 치며
누비고 다녔으면서 왜?

이상이 요절한 천재라고 하여
나도 그에 못지않다고
뒤를 따라 요절하려고?
요절해야지 시인다운 생이라고?

* 박인환(1926~1956)

시의 향기
―박희진 시인 영전에

그대의 집은 이 세상 천지였다
5대양을 건너 6대주 어디에도
그대 발걸음 안 가 닿은 곳은 없었다
유인도 무인도 어느 섬에서도
그대는 펜을 들어 시 쓰고 있었다

그대 영면한 날 운 것은 사람이 아니었다
이 나라 소나무들 바위들
그리고 전국 방방곡곡의 절
절절이 노래한 부처의 공덕
그 많은 살아 있는 것과 숨쉬지 않는 것들
시인의 빈소에 찾아와 절하고 갔다

공간을 쩌렁쩌렁 울리던 시 낭송 목소리
우이동 계곡에 흘러가던 호탕한 웃음소리
그대 구상 시인 성찬경 시인과 더불어
오늘은 또 어떤 시를 낭송하려나
한 시대가 가고 한 세대가 가고 한 사람이 갔지만
시의 향불은 꺼지지 않으리
시의 향기는 사라지지 않으리

* 박희진(1931~2015)

그렇게 우는 한 마리 새
— 천상병 시인 생각

역사가 덮이는 시간이기에 밤은 무섭다
그 세계…… 낮은 당연히 밝고 밤도 환하다
형광등 불빛 아래 몽둥이가 있었고
비명이 있었고…… 비웃음이 있었다

흉터 없는 이가 어디 있으랴
태양 아래 서면 우리 모두 죄인이지만
거짓자백을 해야만 했던
천상병 시인, 6개월 만의 출옥

행려병자로 떠돌다 보니 소식 두절
친구들이 모여 내준 유고시집의 이름은 '새'
살아서
좋은 일도 있었다고
나쁜 일도 있었다고
그렇게 우는 한 마리 새*

사는 것이란 결국 버티는 것
천원만 있으면 버틸 수 있다는 것
앙버팀이 아니면 엉거주춤
그렇게라도 목숨 부지하면

고문의 시간은 가리 흉터는 평생 남겠지만
굴욕의 시간은 가리 후유증은 오래 가겠지만

새벽이 오면 저 철창 밖에서
새가 또 지저귈 것이다

* 제3연의 3~6행은 천상병(1930~1993)의 시 「새」의 마지막 연.

지푸라기처럼
—인병선 여사에게

알 것 같습니다
왜 짚풀로 만든 온갖 것을 모으기 시작했는지
사라진 아버지의 흔적을 더듬어서*
발자취 하나하나 찾아내기 위하여

망태기에 실린 오천 년 농경사회
짚은 이불이 되고 집이 되고
짚은 가재도구가 되고 살림살이가 되고
짚은 볏짚 보릿짚 밀짚이 되고

못 만드는 것이 없어서
가난했던가 봐요
새끼를 꼬아도 가마니를 짜도
지독하게 가난한 농사꾼 살림

풀잎으로 묶어준 갈래머리
그대 생각하며 시를 썼더라면
이야기하는 쟁기꾼의 대지처럼
끈질기게 짚과 풀을 키워냈더라면

지푸라기처럼 오래 남아 시를 썼더라면

* 인병선의 부친 인정식(1907~?)은 일제강점기의 대표적인 농촌경제학자였는데 한국전쟁 중 월북하였다.
** 인병선(1935~)의 부군이 시인 신동엽(1930~1969).

80년 동안 잘 놀았다
—정진규 시인 장지에서

서운산을 잡아당기는 몸
청룡천을 범람케 하는 알
그대 안성에서 나서 안성에 묻혔으니
생은 안성맞춤이었는지 모르겠으나

강점기 말기, 마른 수수깡의 나날이었다
먹을 것이 없지 않았으나 늘 배고팠다
안성농고에서 고대 국문과로 가서
시를 배우고 술을 익혔다 공부 안 하고 놀았다

진로에서 남은 술 좀 마시고
인사동에서 남의 시 25년 매만지고
따뜻한 상징으로 자신의 시를 썼다
마음의 빗장 열고 한국시인협회를 이끌었다

『현대시학』 창간해 걸음마 시킨 것은
열한 살 선배 전봉건 시인이었지만
일으켜 세우고 붙들어 앉힌 것은
경산絅山이었다 큰 품, 크나큰 산이었다

율려律呂가 무엇인가 본색本色이 무엇인가

짓는 것이다 큰 붓을 들고 온몸으로
쓰는 것이다 다른 세상에 가도 붓을 들고
노는 것이다 비어 있음의 충만을 위하여

* 정진규(1939~2017)

데스 밸리 사막의 밤
―송석증 시인에게

태양이 없는 사막은
그래도 견딜 만합니까
사람이 없는 사막에서는
잠시라도 눈 붙일 수 있겠지요
사막 곳곳에 숨어 있는 생명
여행자의 눈을 멀게 했던 신기루도
캐러밴의 혼을 빼앗아갔던 모래바람도 없는
사막의 밤

사막의 밤, 하늘에는
사라진 별을 대신한 인공위성이
아주 많이 또렷이 빛나고 있습니다
수직으로 떨어지던 별똥별을 대신한 비행기가
꼬리를 반짝이며 밤하늘을 횡단하고 있습니다
인공의 위성과 항공기가
먼 곳의 소식을 전해주고
인류의 사랑을 전파하고
세계의 평화를 지켜주나 봅니다

우리 가슴에서 물기가 사라지고 있습니다
도시의 선인장이 된 시인이여

사막이 점점 넓어져 도시를 뒤덮고
바다가 보이는 언덕의 무덤들을
차례로 덮을 것입니다
이곳은 모래의 출생지 모래의 무덤
푸르렀던 지구가
노랗게 변하고 있지만
아직은 그래도 견딜 만합니다

오늘 밤엔 낙타 곁에서
꿈 없는 잠을 한번 잘 수 있겠지요
하늘에는 온통 별 별 별들이 꽉 차 있다고요

* 송석증(1945~2019)은 1983년 미국으로 이민, 캘리포니아주 Glendale시에서 살았다. 1997년 『시대문학』 신인상을 통해 등단한 후 여러 권의 시집을 냈다. 2009년에 시인의 초청으로 미국에 가서 데스 밸리 여행을 하고 왔다.

저 광활한 우주 속으로
―박정만 시인 생각

이유도 모른 채 끌려간 사람이 있었지
영문도 모른 채 맞고 비틀리고 매달리고
코너에 처박히는 혼이여
실신하면 물이 끼얹어지고

말하면 거짓말하지 말라 하고
글 쓰면 다시 쓰라 했다
씨 뿌려도 싹 돋지 않는 세상이 있다면
아침 되어도 날 밝지 않는 세상이 있다면
그런 세상에서 사람이 어찌 사는가
하지만
거기서 살아야 하는 사람이 있다
아무 죄 없건만
자신이 지은 죄를 말해야 하는 경우가 있다

도대체 워찌 된 일이다요
답답해 죽겄소
이유나 알고 죽었으면
원이 없겄소

아이고, 시밖에 몰랐던 정읍 사람아

뼛속까지 아파서 깡술 그렇게 마셔댔나
맨정신으로는 시 쓸 수가 없었나
피 토하듯 시를 토해냈으니

88올림픽 폐막식 날
서울의 밤하늘이 불꽃놀이로 밝아진 그 시간에
그대 사라졌지
저 광활한 우주 속으로
시의 불꽃을 터뜨리면서

* 아래는 박정만(1946~1988)의 유고시로 알려져 있는 「해 지는 쪽으로」의 전문.

  해 지는 쪽으로 가고 싶다
  들판의 꽃잎은 시들고

  나마저 없는 저쪽 산마루
  나는 사라진다
  저 광활한 우주 속으로.

윤상규인가 윤후명인가

연세대 철학과 학생 윤상규는 가방 들고 미아리 서라벌예술대학 문예창작과에 가서 도강을 했다. 문학도들과 술을 마셨고, 고담준론에 고성방가에……. 졸업앨범 단체사진 촬영 자리에 따라가서 사진을 두 번 찍었다. 개인사진에는 물론 빠져 있었다. 신춘문예 당선작을 보고 두 대학 학생이 모두 놀랐다. 어, 얘가 연대생이야?

문학에 씌어 산 50년 세월
윤상규인가 윤후명인가
시인인가 소설가인가
교수인가 화가인가
강릉사람인가 서울사람인가
정체를 밝히시오라고 묻는다면
그는 또 씨익 미소를 머금을 것이다

죽는 건 참 대단한 일임을
윤상규의 시를 읽은 이는 알겠지
사는 건 참 쓸쓸한 일임을
윤후명의 소설은 읽은 이는 알겠지
죽고 사는 게 별일이 아님을
윤후명의 그림을 본 이는 알겠지

라면에 달걀 하나 깨뜨려 넣을 수 없는 가난한 시절도 있었다. 여복이 많아 세 번의 결혼? 소설 속에서 열 번 결혼했고 백 번 이별했다. 시와 소설과 산문을 천 편 썼다, 50년 동안에. 나이가 몇인가. 지금도 쓰고 있는 시인, 아직도 쓰고 있는 소설가, 붓끝에 신명이 실리고 있는 화가. 아아, 그가 얄밉다.*

---

* 윤후명(1946~)은 1967년 경향신문 신춘문예에 시가, 1979년 한국일보 신춘문예에 소설이 당선되었다. 나는 1984년 중앙일보 신춘문예에 시가, 1989년 경향신문 신춘문예에 소설이 당선되었다. 윤후명은 1992년에 시집 『홀로 상처 위에 등불을 켜다』를 내면서 시인으로서 건재함을 만천하에 알렸지만 나는 1997년에 첫 소설집을 낸 이후 소설집을 못 내고 있다. 그가 무척 얄밉고 부럽다.

자살한 시인을 위한 송가

어떤 여자가 좋다고? 야한 여자가?
어디로 가자고? 장미여관으로?
그대 스스로 목숨을 끊었다
곁에 이성이 없어서? 대화 나눌? 교접할?

그대에게는 단 한 명의 친구가 필요했겠지
단 한 명의 가족이 필요했겠지
단 한 명의 선배가 단 한 명의 동료가
곁에는 신도 없고 인간도 없고 쾌락도 없고

생로병사…… 몸은 쇠약해지게 마련
희로애락…… 마음은 시들해지게 마련
술과 담배…… 몸을 갉아먹고
돈과 이성…… 마음을 궁핍하게 하고

아내도 없이 자식도 없이
대화도 없이 교접도 없이
촛불도 없이 태극기도 없이
김춘수의 꽃도 없이 김수영의 풀도 없이

천재와 천치는 글자 한 자 차이

스스로의 생명을 스스로 책임 맡은 자*
할 말이, 쓸 글이 없다면 다 죽어야 하는가
나 이렇게 악착같이 살아가고 있는데

* 마광수(1951~2017)의 시 「자살자를 위하여」에 나오는 구절.

떠도는 사자들의 거리에서

빌딩 밑을 걷다가 문득 올려다본 하늘
하늘 귀퉁이 각이 져 있지만
환장할 정도로 환하여
솟구치는 눈물

그 옛날 화신백화점 앞을
봉두난발하고 백구두 신고 걸어가면서
시답잖은 농담 던지고 껄껄 웃었을 이상
그 사내 폐가 생각나
코끝이 찡해져 온다

가로수 낙엽도 다 떨어진 명동거리를
무거운 회색 홈스펀 양복 입고
있는 돈 없는 돈 다 털어 술 마신 뒤
지금 그 사람 이름은 잊었지만 운운하면서
술병으로 별이 떨어진다느니 어쩌니 하면서
이상 같은 이, 이 세상에 없어! 하면서 술 퍼마신 박인환
그 사내 비명횡사가 생각나
코끝이 찡해져 온다

폐 한쪽을 완전히 도려낸 채 살아간 구상 시인

아파트 계단 오르내릴 수 없어
정전되면 모든 약속 다 취소할 수밖에 없었지
폐결핵으로 각혈하던 친구 박형희
택시에 실려 병원 응급실로 가다
기도가 막혀 택시 안에서 죽었지

오늘 이 환한 봄날의 덕수궁 돌담길
이영훈의 〈광화문 연가〉 노래비 표지판이 보이고
이 눈부신 서울 거리에서 나는
죽은 자들과 뒤섞여, 어깨 스치며 살아간다
나 또한 사자가 되어 떠돌 이 정든 서울 거리에서

* 구상(1919~2004), 박형희(1960~1987), 이영훈(1960~2008)

2부 폭력

새남터 망나니

한강 백사장이 오늘따라 더 하얘 눈부시네 모래 위에 꽂힌 깃대의 깃발들 제가끔 푸르르 떠는데 까마귀들 무엇을 먹겠다고 저렇게 몰려와서

저 젊은이 머리 이제 곧 백사장에 나뒹굴 것이다 나이 고작 스물여섯이란다 망나니 생활 삼십 년에 저런 홍안은 처음이네 어쩜 저렇게 태연할 수가

군문효수軍門梟首…… 낭독하는 사형선고문에 나와 있었다

전례대로 두 귀에 화살을 꽂았소 피가 목을 타고 줄줄 흘러내렸소 두 군졸이 양 겨드랑이 밑에 두 개의 몽둥이를 끼워 넣어 앞뒤에서 걸머맸다오

오늘 우린 저 총각을 염라대왕한테 보내야 한다 빨리 목을 베자 조금이라도 덜 아프게 말야 장가도 못 갔다는군 애비와 작은할배는 효수형으로 증조할배는 옥사로 그만

서학괴수西學魁帥…… 포도대장님이 그렇게 말씀하셨다

우리는 업이 망나니다 술도 고기도 칼을 휘둘러야 생기고

주막집에도 봉놋방에도 피 묻은 칼 씻어야 갈 수 있단다 하늘 우러러 뭐가 부끄럽겠냐

그때 느닷없는 외침 소리 빙빙 돌다 정신 차려 보니 그만 도시오 어지럽소 빨리 내 목을 치시오 나는 준비가 다 되었으니 어서 내 목을 자르시오

수선탁덕首先鐸德…… 그렇게 불려진 사람이 있었다

각자 한 번씩 내려치기 시작했소 젊은이라 그런지 목은 쉽게 끊어지지 않았소 한 칼 두 칼 세 칼…… 여덟 번째 칼을 맞자 비로소 나뒹구는 머리

형리가 머리를 주워들었소 목판에 얹어 포도대장 앞으로 가 검사를 받았소 다들 수고 많았다 물러가 목을 축이도록 하라 그날 밤엔 나 술을 못 마셨소

안드레아…… 교인들은 그를 그렇게 불렀다

임금을 안 믿고 하늘나라의 임금을 믿는 것은 죽을죄인데 왜 그런 죄를 지었던 것일까 죄를 지었으면 용서해 달라 빌

어야 하는데 곧 죽어도 저렇게 꼿꼿하게

  지금도 잊히지 않는 것은 그 의연한 표정과 그의 말이다 그만 도시오 어지럽소 빨리 내 목을 치시오 나는 준비가 다 되었으니 어서 내 목을 자르시오

  * 김대건(1821~1846)

국경을 넘는 김대건 안드레아

도저히 육로로는 갈 수가 없어
배를 구한 김대건 안드레아
수호천사 라파엘의 가호가 있기를 바라
라파엘호 이름을 붙였건만

국경을 넘는다는 것
인간을 향한 길에서 벗어나
신을 향한 길로 나선다는 것
풍랑을 헤치고 온갖 핍박을 피해

저 배는 바다에 떠 있는 하나의 낙엽
마침내 사제 서품을 받고
페레올 주교와 다블뤼 신부를 모시고
항해에 나선 김대건 안드레아

맹수 같은 이빨로 폭풍우가
태산 같은 높이로 파도가
우지끈 뚝딱 키 부러지고
기를 찢으며 울부짖는 바람

돛대를 버리자! 최후의 수단으로

도끼를 내려쳐 자른 돛대
모두 기절한 상태가 되어
쓰러져 있을 때, 고요해진 바다

별이 빛나고 있는 것이었다
바닷물이 육지와 부딪히는 소리
조선으로 가는 길이 험하였다 그만큼
주를 만나러 가는 길이 지독했다 그렇게

연옥에서

내가 사랑했다 노을이 깔리는 광화문 네거리를
사람과 사람과 사람 사이에서 걸으며 시계를 보면
약속시간은 이미 넘겼고

호프집의 왁자지껄함 혹은 밥집의 구수한 찌개 냄새
좀 늦게 나타난 나를 용서해주는 오랜 벗들
끈끈한 손들이 주는 끈끈함이 이상하게 싫지 않다
그들의 웃음과 농담과 고담준론과
취하면 꼭 음담패설을 하는 놈
어느 날 새 레퍼토리를 못 마련해 왔다고 미안해했지

내가 사랑했다 쭈뼛 서 있는 63빌딩과
얼굴이 늘 굳어 있는 대우빌딩까지도
인천공항에서 리무진버스를 타고 서울로 들어오면
아무리 피곤해도 잠이 오지 않는 거 있지
어마어마한 세비를 받는 이들이 그 돈 받고 싸우는
여의도 국회의사당의 지붕도 그날은 정겹다니까

 내가 사랑했다 밤이면 켜지는 강남 테헤란로의 가로등 불빛과
 대학로의 좁아터진 극장들, 인사동 음식점 골목

비가 오건 눈이 오건
미세먼지 수치가 높건 황사가 불건
참 다들 대단해 거리 거리마다 사람들 싸돌아다니고
웬 차가 이리 많은가 사시사철 주야장창 교통체증
빵빵 경적 울리는 놈은 밉다
명절 무렵 사람들이 귀향하면 길이 좀 안 막히지

  내가 사랑했다 이상이 백구두를 신고 걸었던 거리
  박인환이 홈스펀 코트를 입고 술 취해 걸었던 거리
  전쟁 사흘 만에 인민군이 탱크와 함께 행군했던 거리
  경무대 사수! 경무대 사수! 학생들이 피 흘리며 죽어갔던
거리
  서울의 봄에 서울역 광장에 모인 인파
  2002년 월드컵 때 광화문에 모인 인파
  2017년 촛불 들고 종로, 안국동, 삼청동에 모인 인파

  맑은 하늘 보기 어려운 서울을
  거리 거리를 골목 골목을 추억 추억을
  내가 사랑했다 이 먼지의 소음의 인파의 서울을

말의 사막에는 오아시스가 없다

엄마가 아기에게 말을 가르치고 있다
엄마 까꿍 어부바 맘마 아빠 냠냠 쭉쭉
아기는 엄마 입을 보며 흉내낸다 따라한다
그래서 모국어인 것을

발 없는 말이 밤새 천리를 가고
입 없는 말이 천냥 빚을 갚는다고
엎질러진 물 같은 거짓말이 거짓말을 낳고
소문이 확신이 되고, 낭설이 정설이 되고

필화와 설화가 사람을 죽음으로 몰아간다
모함의 감옥에 가둬 손가락질하고
구설의 도마에 올려 난도질하고
죄가 없어도 처형되는 경우가 있다

김덕령 장군
자기변명도 한마디 하지 못하고 죽었지만
길이 되었다 충장로가
사당이 되었다 충장사가

이순신 장군

고문 당하고 백의종군했지만
길이 되었다 충무로가
사당이 되었다 현충사가

세객이여 유세객이여
세 치에 불과한 혀로
선업을 쌓아도 고작 10년 내지 20년인 것을
그러니 그대 고요하라
말의 사막에는 오아시스가 없다

* 김덕령(1567~1596), 이순신(1545~1598)

화가가 제 눈 찍다

밥을 위해 살아가지 않기로 했네 빌어먹어도
어차피 칠칠치 못한 환쟁이로 살아갈 몸
그리고 싶을 때 그리고
그리고 싶은 것 그려야지
내 그림에 감 놓아라 배 놓아라 명해도
시러베자식들을 위해 붓 들기는 싫었다
세상의 손가락질 두려워한 적 없었고
나 언제나 당당했지 하늘 두려워하지 않고 살아왔다

한쪽 눈 찔러 애꾸가 되었을 때
사람들은 날 미쳤다고 했다 하하 미쳤지
미치지 않고서 무얼 이룬단 말인가
그림 모르고서 그림 그려 달라 부탁하고
이게 뭐냐 이게 없다 뭘 안다고 내 그림 비웃은
그 양반 앞에서 송곳 들었을 때
나 하늘 한가운데 해를 똑바로 쳐다보았네
늘 제 몸 태워 이글거리는 해를 말일세

살아보니 세상은 기울어져 있었다
만취하여 갈지자로 걷다 보면
길도 자리를 잡고 나무들도 기지개를 켜는 것이었어

자, 그러니 술을 다오
만취하여 시장바닥 구석에 쓰러져 잠들면
상갓집의 개 신세, 비라도 추적추적 내리는 새벽이면
나 자신이 왈칵 미워지는 것이었어 허나!
그렇게 춥고 몸 아프고 목 마를 때
왜 나는 그림이 그리고 싶어지는 것일까

나 천하의 잡놈, 호가 난 호생관*이여
볼 것 못 볼 것 다 그림으로 그려야 직성이 풀리는데
너무 많이 마신 게지 아, 손이 자꾸 떨려
기암괴석과 몸 비비 꼬는 소나무들, 그리고 고사목들
내 앞에 와 자기네들 그려달라고 말 건네는데
온몸에 힘이 없단 말일세 근 열흘을 굶었나봐
그림 한 점 팔아야 간신히 마련하는 돈푼
밥을 먹어야 살 수 있겠지?
넋을 팔아야 살 수 있겠지?

* 화가 최북(崔北, 1712~1786)의 호 가운데 하나. 호생관毫生館은 붓에 의지해 살아 가는 사람이라는 뜻.

마르크스 머리 위의 새

만국의 노동자들이여 단결하라!고 외친
마르크스가 죽은 지 어언 140년
만국의 노동자들은 단결하지 않았고
공산주의는 공상주의가 되었다
마르크시즘은 말짱 도루묵이 되었다

같이 생산하고 같이 나누는 나라
당이 인민을 떠받드는 나라
사람 밑에 사람 없고 사람 위에 사람 없는 세상을 꿈꾼
마르크스는 지독하게 가난했다

누구에게 베풀어본 적이 없었다

공산주의 이념 아래 적군과 백군으로 나뉘었고
수용소군도를 만든 스탈린
미국과 손잡았다가 맞장도 떴다가
연방을 해체시키더니 말 안 듣는다고
우크라이나를 선전포고도 없이 공격한 푸틴

자유보다 더 위대한 것이 무얼까
자본보다 더 거룩한 것이 무얼까
자아보다 더 소중한 것이 무얼까
요람에서 무덤까지 일은 건성으로 하면서
팡팡 놀아도 되고 죽자고 공부해도 별 볼일 없고

그대 머리 위에서 새가 묻는다
정말 아래위 없고 공평히 나눴냐고
전국에 마르크스 레닌 스탈린
웬 동상이 이렇게 많냐고
왜 한결같이 굳은 얼굴 똑같은 표정이냐고

* 칼 마르크스(1818~1883)

붓을 버리고 칼을 들다
—면암 최익현에게

그대 붓 버리고 칼 들었을 때
그 칼로 무엇을 벨 수 있으리라 생각했는가
단 한 명도 베지 못했고
단 한 명도 구하지 못했잖은가

그대 도리를 버리고 명분을 취했을 때
허리 꺾인 나라 일으켜 세울 수 있으리라 생각했는가
빛바랜 왕가를 지켜본들
오백 년 사직을 돌아본들

안하무인은 아니었지만 고집불통이었지
억지춘향이 아니었지만 독불장군이었지
그래, 휘어지느니 꺾이겠다고
구차하게 사느니 식음을 전폐하겠다고

맹수는 죽을 장소를 스스로 찾는다 했는데
면암은 전장에서 죽지 못했다
살아서 부끄러운 목숨이여
잡혀서 더 부끄러운 목숨이여

내 오늘 면암을 만나려는 것은

그때나 지금이나 외세의 비바람
풍랑 이는 저 바다의 일엽편주 같은
이 나라가 하나의 나라인가 묻고 싶어서다

어리석어라 내 나라 사람들아
면암이 그렇게도 지키려 한 이 삼천리
허리는 부러지고 사지는 뒤틀려 있다
그럼에도 그대, 칼을 들고 의병 일으켰으니

* 최익현(1833~1907)

나, 명성황후란다

언제부터였던가 외세의 비바람 태풍이 되고
밤새 집을 뒤흔들며 휘몰아친 북풍한설
나라의 운명이 500년 만에 맞이한 가장 큰 태풍 앞의 등불인데
바람 막을 방패 없고 빗물 막을 도롱이 없네
나마저 흔들리면 너도 나도 추풍낙엽 되리

나 여주의 여염집에서 태어난 아이
여덟 살에 아비 잃고 어머니랑 단 둘이 살았네
애당초 왕비는커녕
궁궐에 들어가서 살게 되리라곤
꿈도 꾸어본 적이 없네

나 아비 없고 남자 형제 없는 외로운 처녀였지만
바로 그것 때문에 국모가 되었네
국모? 흥 무엇 말라 비틀어진 국모인가
열강의 손길 옷고름 속으로 파고들더니
치마 속으로까지 뻗친다 이놈들아 이 손 치워라
나라를 통째로 먹으려 드는 늑대들아
먹어도 먹어도 배가 고프냐

내 이 몸은 가냘프지만 마음은 남산보다 높다
시아버지 불호령에도 아랑곳하지 않았다
권문세가 고개 쳐들고 노려보면 나도 노려봤고
성균관 유생들 상소 써 들고 떼로 몰려오면
일자무식 백성들을 방패삼아 물리쳤다
서구열강의 털북숭이 손길 뿌리친 것 셀 수도 없었지만
저렇게 강해진 왜국의 총칼을, 내부의 배신자들을
내 한 몸으로는 당해낼 수가 없었다
조실부모 천애고아가 이 나라의 운명이었던 것

1895년 음력 8월 20일 새벽이었다
경복궁 안에 있는 건청궁 내 옥호루에서
난입해 들어온 일본 낭인들의 손에
내 몸 베이고 베이고 또 베었다
피가 벽에 튀었다 옥호루 바닥에 홍건히 피 고였다
시신마저 향원정 내 녹원에서 불살라졌다
내 혼백 저승에 그냥 갈 수 없다
억울해서 황천으로 그냥은 갈 수 없다

나 떠돌리 삼천리 방방곡곡을
나 눈 부릅뜨고 보리

발톱 세우고 으르렁거리는
일본, 미국, 러시아, 중국
한반도를 둘러싸고 있는 저들 또다시 달려든다면
나 오뉴월에 서리 되어 내릴 것이다
한겨울에 설중매 되어 만개할 것이다
그냥은 눈감지 않을 것이다 이놈들아
나 쓰러진 조선의 국모, 고종황제의 비 명성황후란다

* 명성황후(1851~1895)

슬픔은 끝이 없다

어떠니 테오, 결혼하니까 좋아?
난 좋아 이곳 오베르가 마음에 든다
폴 가셰 박사님이 나한테 잘해주셔

날이면 날마다 여기 들판을 싸돌아다녀 날씨가 얼마나 더운지, 햇볕이 얼마나 따가운지 줄줄 흐르는 땀을 닦으면 나중엔 수건이 묵직해져

하늘, 저 들판의 밀, 농가의 지붕들, 까마귀 떼……
다 좀 이상해 다 살아서 꿈틀거리고
취한 듯 비틀거리고 소리를 막 지르고……

그림을 그렸지 믿어지니? 여기 오베르에 와서 70일 동안 70점을 그렸지 붓을 잡으면 말야 몸이 허공을 붕붕 떠다니는 것 같아 미친 듯이

붓을 들고서 아아 이 세상의 노란색아 붉은색아
파란색, 초록색, 검정색, 흰색……
때가 되면 빵과 우유를 입에 처넣어

그림을 그려야 하니까 어떤 이상한 힘이 내게 그림을 계

속 그리라고 하니까 안데르센 동화 속 빨간 구두를 신은 아이처럼

  난 이 환각 상태를 더 이상 못 견디겠어
  도끼로 발을 자른 아이처럼 나도 이제
  결단을 내려야겠어 그래 총이 있지

  권총을 꺼내 들고 들판으로 나갔어 걷다 보니 농가가 나오더군 퇴비더미 뒤에서 방아쇠를 당겼어 내 가슴을 향해 총을 겨누고

  제기랄 안 죽는 거야 피만 철철 나고
  간신히 내 거처 가세의 집으로 돌아왔지
  나는 내가 그리워 멀쩡했던 내가

  밤이 깊도록 파이프 담배를 피웠지 테오야 목숨이 왜 이래 질긴 거야 죽고 싶었는데 아프기만 아프고 슬프기만 슬프고

  내가 하는 헛소리를 벽이 듣고 있어
  저 천정이 듣고 있어 세상 사람들아

내가 사랑했었다 미치도록 사랑했었다

이제 눈앞이 가물거려 사물이 안 보여 죽을 수 있다니 다행이야 자정이 넘었지? 아아 슬픔은 끝이 없단다, 내 동생 테오야

* 고흐(1853~1890), 테오(1857~1891)

고달사지에 와서 운다

길 가던 바람이 여기 와서 운다
여주 고달사지…… 통일신라시대 고달高達이란 사내
머리 깎고 나서 돌을 깎기 시작했다지
목조건물은 한 채도 남아 있지 않다 비석도 부서지고
세월의 이끼 켜켜이 껴있는 귀부상龜趺像의 눈망울만 뒤룩뒤룩
1250년 동안 저 귀부
신라와 고려와 조선의 흥망성쇠를 다 봤겠구나

어미가 살해되어 불태워지고 에비는 독살되고*
조선조 마지막 왕 순종
권력과 영광이 추풍낙엽임을 깨달았겠지
어미가 총에 맞아 에비도 총에 맞아
이 나라 최초의 여대통령
진나라 조고趙高가 한 말의 뜻을 알고 있었겠지

늦가을 바람이 소리 높여 운다
부슬부슬 비까지 내린다 하염없는 세월 부질없는 시간
마흔넷에 죽은 민자영
민자영에서 민비로, 민비에서 명성황후로
여기 여주서 태어나 쌀밥 구경하며 살아갔던들

경복궁 건청궁에서 피 뿌렸으랴 시체 불태워졌으랴
생가 유적지에 걸려 있는 '玉壺'라는 글씨
참 못 썼다 양반 자제의 글씨가 아니라
여염집 여식, 시아버지를 궐에서 쫓아낸 고집이 서려 있다

평야가 온통 노랗게 되었을 때 여기 폐사지에 왔다
나뒹구는 돌멩이들도 구르는 낙엽들도
천년의 시간을 간직하고 있는 듯 예사롭지 않다
명성황후탄강구리비 明成皇后誕降舊里碑 뒤에는
순종이 쓴 글씨 배수음체경서 拜手飮涕敬書**
울면서 썼구나 이 갈면서 썼구나
제 어미 비명횡사가 서러워 울분에 찬 왕의 생애
여기서는 바람이 그냥 불지 않는다 소리 높여 운다

* 고종은 1919년 1월 21일 아침 6시에 덕수궁에서 사망했다. 뇌일혈 또는 심장마비가 사인이라는 자연사설이 있는 한편 그날 아침 한약, 식혜, 커피 등을 마신 뒤 이들 음료에 들어 있던 독 때문에 사망했다는 주장이 있다. 고종의 시신을 염했던 사람의 증언에 의하면 시신이 사후 하루 이틀밖에 안 되었는데도 심하게 부풀어 있었고 이가 다 빠져 있는 등 부패가 정상인보다 훨씬 빠르게 진행되었다고 하는데 이는 독극물 중독을 의심케 한다. 무관 출신 한진창은 고종이 독살되었다고 확신하고 자신의 누나 한진숙의 시조카 윤치호에게 고종이 독살되었다는 말을 전했다. 윤치호는 한진창에게 들은 내용을 1920년 10월 13일자 일기에 기록해 놓았다. 고종 독살설은 당대에 크게 떠돌아 3·1운동이 일어난 원인의 하나가 되었다.
** 두 손을 조아리고 눈물을 삼키며 받들어 쓴다.

역대 대통령

한 사람이
저렇게 많은 사람을 옥에 보내다니
한 사람이
저렇게 많은 욕을 먹다 죽다니

이승만(1875~1965) : 해외 망명
윤보선(1897~1990) : 1년 5개월 만에 하야
박정희(1917~1979) : 암살
최규하(1919~2006) : 8개월 만에 사임
전두환(1931~2021) : 투옥
노태우(1932~2021) : 투옥
김영삼(1927~2015) : 아들이 투옥
김대중(1924~2009) : 아들이 투옥
노무현(1946~2009) : 자살
이명박(1941~) : 투옥
박근혜(1952~) : 투옥
문재인(1953~) : ?

일본군 장교가 아니면 허수아비
사냥꾼이 아니면 사냥개
만인지상에서 자살자까지

제멋대로 혹은 꼭두각시로

그를 보내며 국민들이 웃었다
그를 보내며 국민들이 울었다
대한민국이여 죄가 많구나
대통령들이여 업이 많구나

가네코 후미코의 유서

이 욕된 범죄의 나라에서
나 일찍 버림받아 낯설고 물선 조선 땅으로
팔려갔지 식모살이로
돈 한 푼 안 받고 사시사철
빨래하고 나무하고 설거지하고 쓸고 닦고
7년 세월 동안 배운 조선말

그대의 시를 읽었지
개새끼들을 향해 개새끼라고 욕할 줄 아는 용기에 반했지
살아 있는 사람을 신으로 받드는 나라
신의 아들이 신이 되고 그 아들이 신이 되는 나라
모두가 신의 부하인 나라에서 그대는 이방인
아나키스트가 꿈꾸는 나라는 어떤 나라인가
테러리스트가 테러하고 싶은 나라는 어떤 나라인가

이 지구상에서 나를 인정해준 단 한 사람인 그대
박열
짧은 기간이었지만 같이 살아도 보았고
당신 아이를 임신도 해보았기에
내 아무런 여한이 없소
내 무덤 누가 만들어준다면

조선 땅 어디 그대 고향
경북 문경 어디 묻어주시오
나, 사람이오 가네코 후미코

* 가네코 후미코(1903~1926), 박열(1902~1974)

의사 혹은 테러리스트
—2003년 10월 26일, 하얼빈 역사에서

망설임 없이 방아쇠를 당긴 곳
하얼빈역에 울려 퍼지는 군악대 환영곡 쿵작작! 쿵작작!
사람들 시끌벅적한 말소리를 압도하는 탕!
이토 히로부미의 가슴과 배에 정통으로 탕!
이토의 피가 뚝뚝 떨어지는 곳에 탕!

뒤따르던 수행원들을 향해 탕! 탕! 탕!
아무 망설임 없이 방아쇠를 당기고는* 만세삼창
코레아 우라! 코레아 우라! 코레아 우라!
대한민국 만세!라고 외치면 누가 알아들을 것인가

죽임으로써 죽게 되는 것을 알고 있었을 텐데
목숨 저렇게 버릴 수 있구나
손가락을 스스로 자른 독한 사람
STOP! 테러 STOP! 테러**

2003년 10월 26일
하얼빈역에는 겨울을 재촉하는 바람이 불고 있었다
94년 동안 바람이 불고 있었다
외세의 바람, 압제의 바람
비바람을 동반한 식민의 바람

눈보라를 동반한 분단의 바람

체포에서 사형까지 5개월 동안 사육신처럼 당당하게
하지만 여기엔 아무것도 남아 있지 않았다
하얼빈역에는 그 어떤 흔적도 표식 하나도
수많은 사람이 분주히 오가는 역사 어디에도

모든 인간은 모순이다 모든 역사가 모순이듯이
동양평화론을 외쳤던 안중근
일본 헌법의 체계를 세우고
관료와 정치인 사이 막후 조정의 명수였으나
'한국 침략의 원흉이며 동양 평화의 교란자'로 욕먹은 이토 히로부미

저격당한 이가 남긴 말, "바보 같은 놈이군!"
저격한 이가 남긴 말, "내가 이토를 죽인 이유는 이토가 있으면 동양의 평화를 어지럽게 하고 한일 간이 멀어지기 때문에 한국의 의병 중장의 자격으로 죄인을 처단한 것이다."

의사義士는 자기 의사意思가 분명한 사람

테러리스트는 폭력으로 혁명하려는 사람
죽음을 스스로 선택하여
형장으로 걸어가기 위해
바로 이곳 하얼빈역 플랫폼에서
1909년 10월 26일 오전 9시 좀 지나서
탕! 탕! 탕!
세 발의 총성과 함께 사라진 이토 히로부미
하얼빈역 어디에도 흔적 없는 안중근

일본인은 안중근을 테러리스트라고 했는데
우리도 어느새 테러리스트라 한다

* 이때의 총격으로 하얼빈 주재 일본총영사 가와가미, 만주철도 이사 다나가와, 비서관 모리 등 세 사람이 크게 다쳤다.
** 인천 부평경찰서에서 안중근 의사의 '손도장'을 '테러 예방 포스터'에 사용한 것이 알려져 논란이 되었다. 이를 본 네티즌들은 "안중근 의사가 테러리스트란 말이냐?"며 반발했고, 해당 포스터를 제작한 경찰서는 '오해'라고 해명했다.

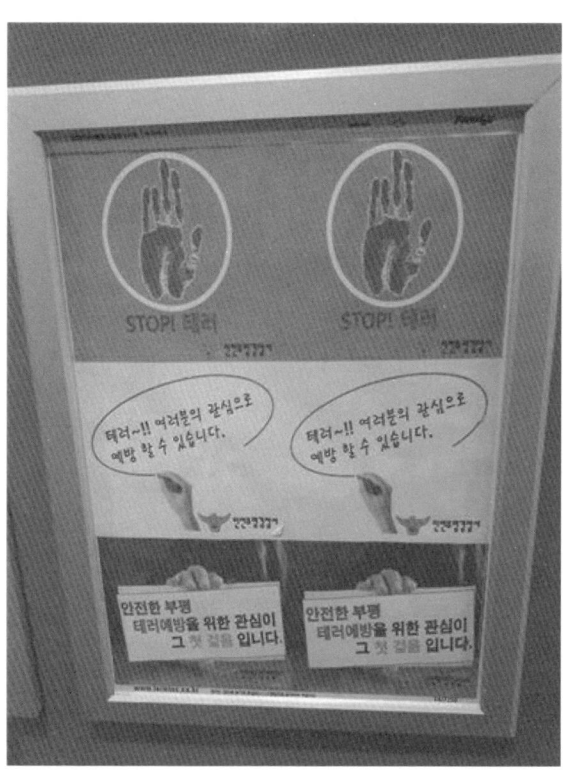

마음껏 울어라 백두산 호랑이
—장편소설 『범도』를 쓴 방현석 작가에게

그대 홍 포수, 홍 대장, 백두산 호랑이
이국의 하늘 밑이라 춥지는 않았는가 외롭진 않았는가
78년 동안 내 나라 내 산하에 묻혀 있지 못하고
그대 혼은 압록강, 두만강을 넘어 북만주와 연해주
근동과 원동, 중앙아시아의 카자흐스탄 우즈베키스탄
드넓은 대륙을 주린 호랑이처럼 떠돌았는가
호랑이는 가죽을 남기고 그대는 이름을 남겼지

늘 주려 있었지 가난한 머슴의 자식으로 태어나
1주일 만에 돌아가신 어머니, 아홉 살에 돌아가신 아버지
천애의 고아가 되어 머슴살이하다가
평안군영에서 나팔수 되어 나팔도 불었지
광산노동자로, 스님으로 떠돌다 만난 동학혁명의 농민혁명군
그때 비로소 일본을 물리치지 않으면 우리
백년이고 천년이고 노예로 살아갈 것임을 알았지

명성황후 시해사건 뒤에 마침내
힘에는 힘으로 맞서고, 총에는 총으로 맞서야 함을 알았지
평안도 함경도 날랜 포수들 다 모아
범 같은 홍범도 부대, 유인석 부대와 힘 합쳐
세 번의 작은 전투, 을사늑약 이후엔

화전민과 광산노동자, 북청 진위대의 해산 군인을 모아
본격적으로 의병 활동을 시작하였지

경술국치 이후엔 권업회와 노동회 만들어
사람을 모으고 자금을 모으고 뜻을 모았지
마침내 1920년 6월 7일 봉오동 골짜기에 일본군들 몰아넣고
쏴라! 일제 사격 개시! 산천을 쩌렁쩌렁 울린 목소리
10월에는 김좌진 장군과 힘을 합쳐 청산리에서도 대승을 거둔
백두산 호랑이, 대한독립군 사령관 홍범도 장군
산과 계곡을 날쌔게 누비며 일본군들 간담을 서늘케 했지

통한의 흑하사변 이후에는 러시아 공산당의 방해공작
일본을 꺾지 못했는데 꿈을 꺾은 스탈린의 명령
연해주에서 카자흐스탄으로 강제이주로 쫓겨나
75세를 일기로 사망했으니 눈 어찌 감을 수 있었으리
광복의 날 1년 9개월 20일 전이었다
이제 비로소, 78년 만에 고국에 뼈 묻게 되었으니
고래고래 고함질러도 좋다, 우리나라에 왔으니
대성통곡 울어도 좋다, 허리 두 동강 난 내 나라에 왔으니

* 홍범도(1868~1943)

어떤 목련에 대한 생각

천황폐하 만세!
천황폐하 만세!
천황폐하 만세!
만세삼창을 하고
천황폐하가 하사했다는 술 반잔을 단숨에 들이켠
조선인 청년 박동훈*
비행기에 올라탄다

제가 죽으면
저의 죽음을 누가 슬퍼할까요
제 이름을 누가 기억할까요
저는 두 시간 뒤면 죽습니다
부모님이 주신 이 몸
이 비행기와 함께 산산조각 나리
티끌 하나 남기지 않으리

비행기는 1944년 11월의 어느 맑은 날
태평양 상공을 날고 있었다
하늘엔 구름이 저렇듯 제 맘대로 흘러가고
눈 아래 바다, 반짝이는 햇살 받아
금비늘 은비늘의 물살

살아 있어 세상은 얼마나 아름다운가
조국이 없으니 그대, 이제 곧 죽어야 한다
기지로 돌아올 비행기 연료는 넣어주지 않았다

눈앞을 스치는 가족의 얼굴, 일가친척, 친구들 얼굴
그대, 사랑하는 사람들을 사랑할 수 없으리
아부지-! 어무이-! 형니임-! 누부야-!
다시는 불러볼 수 없으리 만나볼 수 없으리

눈앞에 들어온 미국 항공모함
시계를 본다 그대 목숨 이제 1분 남았다
59초, 58초, 57초, 56초, 55초, 54초, 53초, 52초, 51초, 50초, 49초,
나 이제 죽는다 나는 사라진다
48초, 47초, 46초, 45초, 44초, 43초,
어무이-! 아부지요-! 누부야-! 형니임-!
마지막으로 한 번씩 불러본다
42초, 41초, 40초, 39초, 38초, 37초, 36초, 35초, 34초, 33초, 32초
조종대를 잡은 손이 부들부들 떨린다
31초, 30초, 29초, 28초, 27초, 26초, 25초, 24초, 23초,

22초, 21초

목표 지점! 항공모함의 함수를 향해

방향타를 꺾는다 급강하 시작

20초, 19초, 18초, 17초, 16초, 15초, 14초,

엄청난 풍압, 어금니를 깨문다

13초, 12초, 11초, 10초,

저 먼저 갑니더 하늘나라로 갑니더 나중에 뵙겠심더

9초, 8초,

눈을 감는다

심장이 따갑게 뛰고 있다 온몸이 부들부들 떨린다

7초, 6초, 5초, 4초,

순간 눈을 뜨자 눈앞에 와락 달려드는 쇳덩어리

3초, 2초, 1초,

목련꽃 진다

* '특공대 전몰자 위령 평화기념협회'가 발간한 〈특별공격대 명부〉에는 17세의 박동훈 외 15명의 조선인 출신 가미카제 특공대원의 이름이 적혀 있다. 즉, 최소 10명 이상의 조선인 청년이 태평양전쟁 중에 가미카제 특공대원으로 자폭하였다.

Big News

1

제가 왜 살인을 했는지 묻지 말아 주십시오.

　지난달 하순 일본 고베시에서 초등학교 남학생의 머리를 절단해 방치한 엽기적 살인사건의 범인이 남자 중학생(14)인 것으로 밝혀져, 교육계에 커다란 충격을 안겨주고 있다.

살인은
최고의 유희이자 최대의 희열.

　효고현 경찰본부는 고베시의 다이바타케 초등학교 6년생인 하세 준(11)을 지난달 24일 살해해 톱으로 머리와 동체를 절단한 뒤, 도모가오케 중학교의 정문 앞에 그의 머리를 방치한 이 중학교 3년생을 살인 및 사체유기 혐의로 28일 저녁 체포했다.

사람이
사람을 죽이는 것은 news가 아니죠.
살인이 news라면
밤 9시 news는 처음부터 끝까지

살인 보도만 하고 있어야 할 걸요.
누가 누구를
언제 어디서
무엇으로 어떻게
왜 죽였는가로 채워지겠죠.

   평소 준과 잘 아는 사이였던 이 학생은 경찰 조사에서 "상대가 약하다면 누구든 좋았다. 특별히 준을 노린 것은 아니었다"고 진술해, 특별한 이유 없이 살인을 일종의 게임으로 즐겼다는 인상을 줬다.

당신은 어린 시절
개미집을 파헤쳐 보신 적이 있습니까?
까만 일개미들을 죽이는 재미
하얀 개미 알들을 터뜨리는 재미
매미의 목을 비트는 재미
잠자리의 날개를 자르는 재미
재미없는 세상에서 재미있는 유일한 일은
살인…… 쇠파이프와 나이프로.

   이 학생은 또 지난 3월 16일 고베시의 주택가에서 초등학교 여학생(10)의 머리를 쇠파이프로 난타해 살해한 직후 또 다른 여학생(9)의 배를 나이프로 찌른 무차별 범행 사건도 일으켰다고 진술했다.

사람을 죽인다는 것,
죽인 뒤
톱으로 머리를 자른다는 것,
잘라서
머리를 학교 정문 앞에 버린다는 것,
머리를
쇠파이프로 난타해 죽인다는 것,
배를
칼로 푹 찔러 죽인다는 것,
뭐 이런 것들은 news가 될 수 있겠죠.
그 news가 맨 그 news일 때
내가 한 일이 진정한 news가 될 수 있겠죠.

범행을 저지른 중학생은 준의 입에 물린 편지와 고베신문사에 보낸 성명서를 통해 "경찰 제군들이여, 나를 중지시켜 보라. 살인을 하고 싶어 견딜 수 없다. 의무교육이 나를 변하게 했다. 학교에 복수하겠다"며 경찰과 학교에 대한 깊은 원한을 암시했다.

때려죽이고 싶었어요 약한 하급생을
반항하지 못할 세상의 약한 것들을
내 말을 따를 병신 같은 어린 것들을
그들의 죽음에 슬퍼할 어른들을
나한테 이것 해라 저것 하지 말라고 시킨
어른들을
이 망할 세상의 어른들을.

평범한 가정의 3형제 가운데 장남인 이 학생은 부끄럼을 잘 타는 보통 학생으로 알려졌으나, 이면에서는 미국에서 일어난 연쇄살인사건의 범인을 자처한 '조디악'에 관한 책들을 읽어온 것으로 밝혀졌다.

폭력 영화의 폭력 장면을 생각해보십시오.
걸프 전쟁의 폭격 장면을 생각해보십시오.
미국 학내의 살인 현장을 생각해보십시오.
엽기적인 살인?
학교 꼰대들의 폭언 장면을 직접 보십시오.
엽기적인 살인은 누구나 저지를 수 있는 것이며
누구나 당할 수 있는 것이죠.

저는 단지 그것을 보여주고 싶었을 따름입니다.

2

어둠의 무게가 세상을 짓누른다

　……1997년 6월 30일 아침에 읽은 신문 기사
　　20년 동안 서랍 속에 두고 있었다……

아침이 이렇게 더디 올 줄이야
통증으로 울부짖는 진도 앞바다
뿌연 물안개의 바다를 텔레비전 화면으로 보며
인간으로 태어난 비극을
곱씹어보고 싶었던 그날

* 고딕체 부분은 1997년 6월 30일자 〈한겨레신문〉에서 인용한 것.

도스토예프스키, 형장으로 끌려가는 동안

죽음에 대한 공포보다
무서웠으리
사채업자에게 진 노름빚보다
무서웠으리
내가 죽어도
울어줄 사람이 없다는 사실이

* 도스토예프스키(1821~1881)

이런 기적이

분노에 사로잡혀 총 든 조승희 군
32명의 목숨을 빼앗고 있던 그 시간에
버지니아공대에서 멀지 않은 곳
한 산부인과병원에서는 막 눈을 뜬 신생아
고고의 울음을 터뜨리고 있었다
이것이 기적이리
정말 놀라운 일

IS(이슬람 국가) 지도자들의 회의
폭탄 테러를 할 지점을 물색
파견할 군인을 결정했을 시각에
그 군인의 생명은 끝난 것
한 사람이 죽어 수십 명 사람을 죽이고
한 사람이 살아 수백 명 환자를 살리고
이것은 기적이 아니지
다만 놀라운 일

모든 탄생은 기적이지만
모든 죽음은 정해진 일인가
해가 뜨고 지고
달이 뜨고 지고

별이 뜨고 진다는 것이야말로
그 모든 항성과 혹성이
대폭발 이후 어디를 향해
달려가고 있다는 것이야말로

자전과 공전을 동시에 하면서
서로 부딪히지 않는데
모든 별이 질서를 지켜 운행하는데
왜 인간은 서로 사랑하지 않고

* 조승희(1984~2007)

스티븐 패덕의 넋두리

 내 애비는 은행강도였어 밤이 깊어도 오지 않았지* 내 취미는 총을 사 모으는 거야 30여 정을 구입했지 난 총이 좋았어 그 차가운 쇳덩이를 만지면 때로는 냉정한 내 필리핀 애인의 몸을 만지는 것보다 좋았지 호텔방에서 총을 애무하며 뒹굴었지 호신용 권총이 아냐

 거치대가 필요한 자동화기야 10여 정을 가방에 담아 옮기는 게 쉬운 일은 아니었어 사막에 세워진 도박의 도시 라스베이거스 여기는 만달레이 베이 호텔 32층이야 최적의 거리 최상의 공간 음악에 취한 저 인간들과 나와의 거리는 사정거리

 여기까지도 시끄럽군 하비스트 축제라나 컨트리음악 콘서트라나 도박에 미치고 음악에 취한 인간들이 2만 2,000명이나 모여 있군 도박의 매력이 대단해 음악이 엄청나 저 인간들을 모아놓았으니 총의 성능을 실험할 수 있는 좋은 기회야 신이 있는지 없는지 실험해볼 멋진 기회야

 신은 바벨탑을 무너뜨렸었지 40일 동안 비를 퍼부었지 신은 총을 사지 않아 돈만 주면 타타타타 다연발 자동화기를 살 수 있는 나라 나는 총알의 장대비를 퍼부을 거야 신의

가슴을 향해 난사할 거야 미쳐 돌아가는 지구에서 아직은 나, 미치지 않았으니까

　마약을 하지 않았어 제정신으로, 제정신일 때, 손가락 끝에 힘을 준다 당긴다 음악의 굉음 속에 묻혀버린 나의 총기 난사 소리 랄라 랄라 노래를 따라 불러라 늑대는 외롭지 않아 난 총에 미친 것인지도 모르겠어 총을 샀으니 성능이 어떤지 시험해보아야 하지 않겠어

　누가 죽었는지 내 관심 밖이야 몇 명이 죽었는지 아무 상관없어 부상자 수? 몇 백이면 어때 어차피 다 죽게 되어 있잖아 총에 맞아 죽으면 한 순간에 죽으니까 행복한 죽음이지 부상자는 도박이 그렇듯 운이 없는 거고 여기는 사막에 세워진 도박의 도시 돈을 따러 오지만 실은 돈을 잃으러 오지

　내 이름을 오래 기억해줘 스티븐 패덕 가장 많은 사람을 죽인 살인마로 기억해주길 바라 전에도 죽음의 축제를 즐긴 사람이 많았지 한국인 유학생 조승희는 32명을 죽였지 앞으로 내 기록을 깰 사람이 나올 거야 여기선 살인 축제를 언제라도 즐길 수 있지 자동화기를 아무나 살 수 있지 우리나라 유나이티드 스테이츠 오브 아메리카

* 미당의 시 「자화상」의 첫 행을 패러디함. 2017년 10월 1일 라스베이거스에서 일어난 스티븐 패덕(1953~2017)의 총기 난사로 사망자 59명, 부상자 527명이 나왔다.

윤회와 부활

붓다가 인간으로 다시 태어나고
예수가 부활하여 만나는 일이 있다면
손 맞잡고 울기부터 하리
두 사람 울음이 하늘 부들부들 떨게 해
우레가 되고 40일의 홍수가 되고

기원전 6세기에 북인도에서 태어난 붓다와
기원 원년에 베들레헴에서 태어난 예수가
말이 안 통할지라도 이심전심
인도 2500년이 지나도 이스라엘 2000년이 지나도
사고 팔고, 지지고 볶고, 죽이고 살리고

예나 지금이나
때리는 사람과 맞는 사람
욕하는 사람과 욕먹는 사람
배부른 사람과 배고픈 사람
살려는 사람과 죽이려는 사람

한참 울고 헤어질 때 천지를 뒤흔드는 소리
원자력발전소가 폭발하고 핵폭탄이 터지고
산이 무너지고 도시가 사라지고

핵우산 아래서 미세먼지를 들이마시고 있는
붓다와 예수여
다시는 윤회하지 말지니 부활하지 말지니

* 이 시는 2020년에 낸 『예수·폭력』에도 실려 있음.

끌려간 목사
―배형규 목사*의 부음 앞에서

그 사막에 말씀을 전하러 갔는가
귀담아 들으려 하지 않는 무장단체
총을 든 그들의 손에다 성경을?
말이 통하지 않아서
손짓과 발짓으로 말했는가
예수가 이 땅에 오신 뜻을
십자가에 매달린 뜻을

여기서 오랫동안 못 나갈지 모른다
죽을지 모른다는 공포감 속에서
가위눌린 채 꾸는 인질들의 꿈은
천연색일까 흑백일까 그 꿈은
일터에서 돌아와 샤워하는 것일까
온 가족이 과일 먹으며 TV 드라마 보는 것?
눈 가린 채 총성 울리기를 기다리는 것?

환한 대낮인데 깜깜한 시간
그의 기도 채 끝나지 않았는데
납치범들이 결단을 내린다
열 발의 총을 맞고 벌판에 버려진다
복음 전하지 못한 오늘

귀뚜라미 한 마리
죽은 그대 옆에 와서 울고 있다

* 목사 배형규(1965~2007)는 아프가니스탄에 선교 활동을 하러 갔다 2007년 7월, 무장세력 탈레반에 의해 피랍, 살해되었다.

3부 비폭력

기억나는 것들
―전선애가 조만식에게

그대의 품이 넓었는지 어땠는지
기억나지 않소
기나긴 동짓달 밤 무슨 얘길 나눴는지
기억나지 않소

20년 넘는 나이 차이
처녀와 홀아비 결혼했을 때
사람들이 무슨 말을 했는지
기억나지 않소

그대 옷의 기장이 얼마였는지
기억이 나오
그대가 뽑아온 상추의 맛
기억이 나오

50년 넘게 혼자 살아도
그대의 해맑은 그 웃음소리
기억이 나오
내 귀에 지금도 쟁쟁하오

* 전선애(1904~2000), 조만식(1883~1950)

이름

1
이 산의 이름은 오늘부터 K2다
이 강의 이름은 오늘부터 미시시피다
태어나는 사물도 이름을 갖고
(예컨대 88올림픽의 '호돌이' 같은)
우리보다 먼저 태어난 것들에게도 이름을 붙이는데
(예컨대 밤하늘의 '미리내' 같은)
행려병자들이 죽어 좍 누워 있는 해부학 실습실
이름 없이 번호만 붙어 있다

2
들풀 하나에도 이름이 있고
풀벌레 한 마리도 제 이름이 있다
빼앗긴 들, 빼앗긴 봄, 이름마저 빼앗겨
나는 가야마 미쓰로 너는 시라야마 아오키*
우리는 독도獨島 너희는 다케시마竹島
이름 빼앗고 새 이름을 붙인
수심 깊은 세월이여

3
이름으로만 존재하는 힘없는 것들

몰래 불러보는 죽은 애인의 이름
이름 갖고 태어나지 않았지만
이름 갖고 죽어갈 수 있어 다행이다
이름 하나 못 지니고 죽어간 것들이여
국립현충원에 이렇게 많은 무명용사의 무덤이 있다니

4
'나는'이라고 할 뿐
'나 이승하'라고 말한 적 없네
이 일병! 이 대리! 이 선생! 이 교수!
아무도 내 이름을 불러주지 않네
누가 내 이름 좀 불러다오

* 이광수는 가야마 미쓰로[香山光郎]로, 김동환은 시라야마 아오키[白山靑樹]로 창씨개명을 했다.

꽃과 피
—경기도 양평 중미산천문대에서, 아들에게

누가 밤하늘에다 생명체를 뿌렸구나
전갈좌의 별들이 자오선을 막 통과하고 있어
오리온은 전갈에게 끔찍하게 쏘여
지평선 아래로 몸을 감추고 있네

지금은 6월 중순, 밤 11시가 막 지나고 있어
내가 입 맞춘 별들이 지금은 피 흘리고……
지구는 자꾸자꾸 더 많이 아프단다

제자 하나가 스님 설봉*에게 물었지
"스님, 우주의 크기는 얼마나 됩니까?"
설봉이 대답 대신 되묻기를,
"좁쌀의 크기를 아느냐?"
제자가 얼른 "예"라고 대답했지
그러자 설봉이 이렇게 말했다지
"좁쌀의 크기를 아는 놈이 어떻게 우주의 크기를 모르느냐?"

우주 최초의 대폭발 시점과
별들의 팽창 속도를 알아냈으니
우주의 크기를 계산할 수 있을 거야

무한과 유한 사이에서 우리는 살고
영원과 순간 사이에서 우리는 죽는단다
아들아
우주의 크기보다 더 큰 슬픔의 땅에서
살다가 죽은 사람이 거름이 된단다
저 나무들을 키우고
나무는 피 흘리듯 꽃을 피운단다

* 설봉(822~908) : 중국의 선승.

사막을 건너는 법
―영화 〈아라비아의 로렌스〉를 보다

사막은
이것저것
온갖 기억
버리지 않고
건널 수 없다
낙타를 타지 않고는
금방 쓰러져 사막이 되리

농부도 유목민도 살 수 없고
앞으로 나아가는 자, 즉 행인만
여기서 오아시스를 발견하는 거지
바람이 사막의 얼굴에 화장을 한다
태양이 사막의 가슴팍에 불을 지른다
밤이 되면 갑자기 식어버리는 모래의 무덤
해가 떠오르면, 기운을 차려 하늘을 마주한다

여기서 낙오되면 낙타와 함께 주검이 될 뿐이다
신은 사막을 만든 뒤에 오아시스와 낙타를 만들었다
여기서는 말을 버리게 된다 시간을 잊게 된다 그리하여
하늘과 땅, 태양과 바람, 대자연과 일체가 되어 나를 잊고
홀로 있게 된다 삶도 꿈도 목숨도 여생도 여기에서는 오

직 하나

  찾는 자에게만 열리는 길, 사막의 길은 구하는 자에게만 보일 뿐이다

  아라비아의 로렌스는 수십 리를 되돌아가 낙오된 한 병사의 목숨을 구한다

* 토머스 에드워드 로렌스(1888~1935) : 영국의 군인, 고고학자.

나 은율서 춤 좀 췄었소
—인간문화재 장용수 옹 영전에

은율이 어디인지 아시는가?
대동강과 황해가 만나는 곳
구월산맥과 은율평야가 악수하는 곳
나 거기서 태어나 거기서 춤 배우지 않았겠소
김구가 세운 광진학교에 다니면서

은율탈춤이라고 들어보셨는가?
단오절이나 사월초파일이나 7월 백중 때면
저녁밥 먹고 놀기 시작하지
구경꾼들이 뛰어들어 함께 소리하고 춤추노라면
동이 부융하니 터오는 것이었소

피리를 불어 젓대를 불어 어깨가 들썩들썩
북을 쳐 장구를 쳐 팔이 욱신욱신하도록 징을 쳐
고향의 향기를 맡아 땅 냄새 집 냄새
어머니 치마 냄새 저고리 냄새 쪽진 머리 냄새
해금을 켜 새납을 불어 아 꽹과리 소리 들으면
내 고향 땅 은율의 숨결이 느껴지건만

갈 수 없는 땅이오
아베 어매 무덤은 그대로 있나

누나 동생 조카들은 무얼 하고 사는지
가볼 수 없어서 내 춤추지 않나
가뭄 들면 유리걸식 공출 당하면 초근목피
그래도 이 춤 추며 재담하며 안 버텼나

……영감의 첩인 뚱딴지댁이 나타나 먼저 영감의 품에 안긴다. 할멈과 뚱딴지댁은 서로 자기 영감이라고 우겨댄다. 이 광경을 보던 최괄이와 말뚝이가 본부인 여부를 가린다.
 최괄이: (뚱딴지댁에게) 영감의 특징을 말하시오.
 뚱딴지댁: 우리 영감 밥 잘 먹고 무엇이든지 무던하고 착한 것이 특징이오.
 할멈: 우리 영감은 그것이…… (머뭇거리다가) 불알은 네 쪽이고 좃대가리에 콩알만 한 사마귀가 돋아 있어 잠자리에서 뼛골이 살살 녹습니다. 그것이 특기요.

온 마을 사람들 배 잡고 뒤집어지는데
애새끼들은 어른들이 왜 웃는지 모른다
내가 왜 이 짓을 여기 와서도 하는지 당신들은 아오
1·4후퇴 때 마누라와 애새끼 넷 데리고 월남한 뒤
춤춰본 사람 찾으러 다닌 세월이 어언 45년

이 춤 맥 끊기면 누가 기억할까
은율 사리원 신천 안악 재령 해주 일대
탈 쓰고 춤추며, 재담하며 놀려대며
우리 거기서 그렇게 살며 늘 즐겼던 것을
우리 거기서 그렇게 웃으며 다 넘겼던 것을

* 장용수(1903~1997) : 은율 출신의 피난민. 은율탈춤을 복원한 인간문화재.

그대 춤추라
―최승희 생각

나라 아닌 나라를 떠나
미국에서 유럽에서 남미에서 춤추라
혼자서 북 치고 장구 치고

언어 이전의 몸
언어 이후의 춤
그대 그저 춤추었을 따름인데

일본군 위문 공연이 친일로 낙인
저 외침 소리 욕설일까 환호성일까
남에서도 춤으로 북에서도 춤으로

월북했다고 남에서는 지워졌고
주체예술사상이 아니라고 북에서도 사라졌다
그대 오직 춤추었을 따름인데

일본에 가서 배웠으나
조선의 정情을 넘어 동양으로 서양으로
동양의 기氣를 넘어 대양으로 대륙으로

그대 남편 안막 잃고 아이 잃고 벙어리 되어

몸으로 웃고, 그래서 울었고
몸으로 울고, 그래서 웃었다

* 최승희(1911~1967), 안막(1910~?)

문학평론가 김윤식

1

「모든 너에게」

이것은 너 때문이었다.
내가 왜 문학을 하게 되었는지는 나도 잘 모르지만, 그러나, 이렇게 X자가 붙은 것을 하게 된 것은 바로 너 때문이었다.
빌려주지도 않은 돈을 달라고 떼쓰던——그런 심정을 아는가, 너는 그런 심정을.
손톱자국 난 가슴으로 서해바다 소금 낀 바람에 피 묻은 빨래 조각 같은 깃발이 있었다면, 너는 웃으라.
노예선의 벤허처럼 눈에 불을 켜야만 나는 사는 것이었다.
이것을 너는 내게 가르쳤다.
그리하여, 이 모든 것은, 아무 때문도 아니면서——너 때문이었다.
　　　　　　　　　　　　　　—『現代文學』(1962. 8) 101쪽
　　　　　　　김윤식의 천료 소감 전문.

2

－노예선의 벤허처럼 눈에 불을 켜야만 나는 사는 것이었다
그것을 김윤식은 내게 가르쳤다

1936년 8월 10일생
경남 진영 깡촌에서 태어난
지방 상업고등학교를 나온
입이 약간 돌아가 있는

한국문학이 그에게 빚지고 있는 것은
그 수많은 저서가 아니다
눈에 불을 켜야 한다는 것
빌려주지도 않은 돈을 달라고 떼쓰던 그런 심정을, 그런 심정으로
글을 써온……,
일흔이 가까워 오는 나이임에도
밤이고 낮이고 책을 읽고 있는
낮이고 밤이고 글을 쓰고 있는……
이 마을 저 무리 기웃거리면서
'권력과 영광'을 찾는
'오만과 편견'에 사로잡힌 글쟁이는
김윤식의 집념을 알고 있어야 한다
내가 나를 포기하지 말아야 한다는 것
내가 내 눈에 불을 질러야 한다는 것
살아 있는 한은, 아아 노예선의 벤허처럼……

그것을 김윤식은 내게 가르쳤다

3

「세 가지 자문」

나는 무엇인가
나는 무엇을 할 수 있는가
나는 지금 무엇을 하고 있는가
내 문자 행위의 출발점은 이것이다

부끄러워 고개 들지 못할 때
자신을 이겨낼 수 없다는 무력감에 사로잡힐 때
원고지를 대하는 일은 구원이 아니라 구속이었다.
줄기차게 꾸짖는 200개의 네모난 입들
——너는 결코 떳떳하지 않아. 너는 벌써 물들어 있어.

필요한 것은 의지였으며
부족한 것은 신념이었다.
몇 차례의 시행착오를 더 겪어야
나도 하나의 성채를 가질 수 있을지.

보다 깊은 우물의 의미와
열려진 세계의 끝을 찾으려는 노력.
명암에 대한 성찰에의 길을
이제 떠나야 한다.
언어로 성취할 수 있는 것이 아무것도 없을지라도
내 정신은 늘 부활을 꿈꿀 것이다.
고통마저 사랑하기 위하여
이 땅 이 시대의 당신들을 벗 삼기 위하여.

―〈중앙일보〉(1984. 1. 1)
신춘문예 시 당선 소감

4

내 비명에 내 고막이 터질 정도로
광야에서 외치리라 일천 편의 시를
내 응시가 내 안구를 파열시킬 정도로
산정에서 쏘아보리라 백일白日의 태양을

병 깊은 동시대인이여
귀 멀지 않고 눈 멀지 않은 내가
종생토록 시를 쓸 수 있다면

노예선에서 생을 마친들 뭐이 어떠랴

* 김윤식(1936~2018)

소설가 김승옥의 침묵

간빙기에 얼어붙은 입이 아직도 녹지 않고 있다
절대의 시간을 빠져나와 말문을 잃은 절대자와
허구의 공간으로 빨려들어가 소설을 쓰지 않는 소설가가 만나
무슨 필담을 주고받는지, 수화로 대화하는지

태초에 말씀이 있었지만 태어나자마자 말한 사람은 없었다
마소를 보라 인간만이 태어나자마자 대성통곡한다
텔레비전 드라마에서 인간은 대개 유언을 하고 숨 거두지만
우리 가운데 누가 제대로 유언하고 죽는가
우리는 모두 침묵의 공간을 빠져나와 탯줄 끊겨 한바탕 울고
술에 취해 고래고래 고함도 지르다 말없음표……를 그리며
죽는다

이문구 문병 가다 쓰러져 말문 잃게 되었다
신문연재소설 쓰다 5·18광주민주화운동 일어나자
15회 만에 붓 꺾어버리고
먼지의 방으로 들어갔다
화장을 하든지 매장을 하든지 그대 죽으면 육신은 먼지 되리

하지만!
소설은 남는 것이다 간빙기의 얼음장 속에서도 빛날 문장들

서울, 1964년 겨울의 침묵을 누가 잊으리
생명 연습에서 시작되어 불과 14년
서울의 달빛 0장 이후부터 글문이 닫혀버렸다 우우, 어어
쓰디쓴 언어가 목구멍 타고 토하듯이 넘어오는데
소설가는 소소한 소설은 쓰지 않는다
시인은 시시한 시를 쓰고 있다 통탄할 노릇

그래서 세상이 이렇게 추운가 자, 여기서 헤어집시다
재미 많이 보세요 재미 볼 일 하나도 없다
안安은 앙상한 나뭇가지 사이로 내리는 눈을 맞으며 무언가
곰곰이 생각하고 서 있었고
2012년 3월 24일, 하늘 향해 솟구치고 땅을 향해 흩뿌리는
눈발*
거리엔 길고 긴 차량과 힘찬 바람과 미친 눈발밖에 없다
여기는 젊은 김승옥이 소설 쓰면 살았던 곳
이웃을 향해 입 다물어버린
추운 서울이다

* 2012년 3월 23일에 서울 함춘회관에서 김승옥(1941~) 등단 50주년 행사가 열렸다.
그날은 비가 왔는데 그 다음날 오전 한때 눈발이 퍼부었다.

어둠 끝에 서다
—영화배우 이영호 님께

그대 이제 아침노을을 보지 못하겠구나
아침 하늘을 수놓는 새 떼의 일제 비상을
그대 그리 좋아했던 영화를
그 영화 여주인공의 묘한 미소를

밤이 다 갔는데 아침 오지 않을 때
그대는 손 내밀어 만져보아야 한다
사물은 차갑고, 사람은 더 차갑겠지만
지팡이를 안내견 삼아 그대 살아가야 하리

기억에서 점차 희미해져 가리 움직임으로써 살아 있음을 증명하던 것들, 어떻게 움직이는지 이젠 알아볼 수 없고, 그대 스스로 일어나 움직여야 한다 어둠 속의 실체들, 냄새를 찾아서 코를 벌름거려야 한다 소리를 찾아서 귀를 곤두세워야 한다 감촉을 찾아서 손 내밀어야 한다 차마 떨어지지 않는 발걸음을 옮기면 툭 치고 아무 말 없이 지나쳐 가는 행인들

약을 잘못 먹어 잠시 실명했을 때
이 세상이 낭떠러지 끝에 있었다
그곳의 지독한 안개 더 지독한 침묵 뒤

앰뷸런스의 클랙슨 소리 귀청을 때리고

차갑게 돌아앉은 사물에 손을 대면
체온이 전해질까, 벽들이 다가설까
어둠 한가운데 서 있는 그대 벌거벗은 몸을
손 내밀어 이젠 더듬더듬 만져보겠구나

* 영화배우 이영호(1951~)는 망막색소변성증으로 실명하였다.

가수 김현식 생각

자네가 불렀던 노래를 흥얼거리는
밤이네
모든 밤은 최초의 밤이지
술이 있는 밤은
더 낯선 밤이네
아주 낯선, 뜻밖의 밤들

오늘 내 맑은 술 몇 잔으로
이 세상에 태어난 기쁨을
더 기뻐하려 하네
한밤에,
빈속에 마시는 술
안주도 없이 물에 타
알코올 도수만 조금 낮추지만
그래도 몇 잔이면
취하네
카아- 취하면
이 세상에 태어난 기쁨을
조금 더 기뻐할 수 있네

아니, 슬퍼하려네

조금 더 취醉하기 위하여
드러내야 할 것 감추었고
감출 것 더 드러냈으니
이 세상을 내 참
얼마나 좁게 만들었던가
오늘 밤 맑은 술 몇 잔으로
꽁꽁 언 가슴을 녹여
이 세상을 조금 더
조금만 더 넓히려 하네
다른 새벽을 기다리면서

* 김현식(1958~1990)

밤의 계단
―한빛맹아학교 졸업식장에서

마음의 눈으로 세상을 보기로 했다는
강완식 군의 답사가 있자
나직한 숨소리들이 거친 숨소리로
마침내 흐느낌으로 바뀌기 시작했다
맹아학교 이 졸업식장을 나선 너희들은
지팡이를 들고 뿔뿔이 흩어져
안마시술소나 침술원으로 갈 것이다

타인의 시선을 의식할 수 없어
때로는 마음 편하겠지만
바라보는 어머니의 얼굴에
시름이 한참 머무는 것 정도는
맹아학교 계단을 오르내리면서
미루어 짐작할 수 있었을 것이다
이 캄캄한 세상에 내보낸
어머니를 한때는 원망했겠지만
지상에 크나큰 슬픔을 짐 지고 오신
당신 반평생의 침묵을
이제는 조금 알게도 되었을 것이다

이 엄숙한 졸업의 시간에도

생명이 자라고 있음을
죽은 줄 알았던 나무에서 싹 돋고
죽은 줄 알았던 나무에서 꽃 피는
봄이 올 것을 아는
세상의 뭇 생명체여
너의 몸 비록 온전할지라도
싹 돋게 한 저들을 꺾지 말기를
꽃 피워낸 저들을 피하지 말기를

이 졸업식장에 오기 위하여
많은 날들을 비지땀 흘리며
걸어가는 방법을 연습해온,
참고서 한 권 없이
달려가는 모습을 꿈꾸어온,
저들 42명이
한결 밝은 세상을
바라볼 수 있게 된 오늘이 있기까지에는
지팡이를 짚고 올라온
아주 많은 밤의 계단이 있었다

빈다

ⓒ 송은옥

　어떤 사람의 바람이 저 큰 돌 앞에서 징 들고 망치질을 하게 했을까

　모양은 사람 모양이지만
　저게 무슨 부처인가
　목도 없는 가분수
　눈도 코도 있긴 있다
　손 내밀고 있는 모습이 구걸하는 모습이다
　적선합쇼
　좌우에 서 있는 부처상은 사람 같지도 않다
　만들다 만

이 돌덩이, 아니 부처상 앞에서
얼마나 많은 사람들이 빌고 또 빌었을까

저 먼 인도의 왕자 싯다르타가 고민이 많아 왕궁을 나섰고 보리수나무 아래서 무엇인가를 깨달았고 그때 깨달은 것이 무엇인지 말하기 시작했고 그렇게 시작된 종교

불법佛法은 내 고향 김천 직지사 부처상 앞에 있을까
대구 팔공산 갓바위에 있을까
인기 짱이라는 혜민스님의 베스트셀러 속에 있을까
법구경 금강경 화엄경 경전 속에 있을까
문둥이 얼굴 같은 저 부처상 얼굴에 있을까
미소도 짓지 않고 눈감고 있다

사타구니 위에도 발 밑에도 돌이 쌓여 있다
근심이 쌓여 있다 이 근심에서 헤어나고자
우리는 오늘도 건투를 빈다 행운를 빈다
황금으로 만든 상像 앞에서
돌로 만든 이미지 앞에서

없다

없는 것이다 알파고는 존재가 아니다
없어도 있고 있어도 없는 것
십년이 가고 백년이 가고 천년이 가고 만년이 간다면
지구는 없어지게 되어 있는 것
인류는 사라지게 되어 있는 것

죽어도 죽은 것이 아니고 살아도 산 것이 아니다
전파와 전자파, 저주파와 고주파, 음파와 파동
인류 사라져도 그것들은 남아서 떠돌 것인가
나와 너는, 이 시는
계속 있을 것인가 없어질 것인가

이 일본 여학생의 이름은 사야
도쿄에서 활동하는 3D 그래픽 아티스트

테루유키 이사카와와 유키 이사카와 부부가 만든
3D 캐릭터 여학생은 있는 것인가 없는 것인가
너는 나와 함께 있는 것인가 없는 것인가

네가 성장한다면
이 시를 읽고 있는 지금의 너는 없어지는 것인가
내가 내뿜는 이산화탄소는 없어지는 것인가
몇 만년 살아온 인간의 조상은 먼지가 되었나
메머드과 공룡의 뼈도 안 보이고

종교의 창시자 마호메트나 붓다나 예수처럼
눈에 보이지 않지만 영원히 살아 있는 존재도 있다
눈앞에 있지만 없는 것이나 마찬가지인 사야
죽더라도 뼛가루는 남을 테니
나야 완전히 사라졌다고 할 수 없다

허깨비와 도깨비들이
좀비와 캐릭터들이 돌아다니고 있는
이 멋진 신세계에서
사야 자라고 나이 먹은 티가 나고
나야 이제 곧 없어진다 없다

저절로 태어나는 것은 이 우주에 없다
―아내에게

또 머리카락들이 방바닥에 떨어져 있군

저절로 태어나는 것은 이 우주에 없지
살비듬 하나가 방바닥에 떨어져 먼지가 되기까지
새 살이 죽은 살을 밀어내는
짧지 않은 과정이 있었던 것
먼 조상의 유전적 정보까지 지녔을까 살비듬들

방을 닦는다 이 작은 살비듬이
우주의 일부가 아니라고 말할 수 있는가
강이 있어서 바다가 있듯이
부부는 둘이고 부부는 하나
한 사람이 죽을 때 한 사람이 지켜보리

하나의 별이 태어나기 위해서는
다른 별 하나가 죽어 하늘 한쪽이 텅 비는
아픈 시간들의 무덤 만들기
그런 과정이 필요한 것이겠지
별들이 만나고 헤어지는 밤의 하늘이 깊다

하나 속에 전체 있고 전체 속에 하나 있다

내가 죽은 빈자리는 또 누군가 메우게 마련
그대와 나 사후에 어둠 된다면
같이 떠돌 수 있으면 좋으련만
누군가의 걸레에 의해 닦여질 테지

이 많은 미세먼지의 화엄세계에서

소설가 구보씨의 눈물

출근하지 않는 남자
전업 소설가 구보씨는
컴퓨터 앞에 앉아 있다
밤 열 시부터의 작업
웹소설 「용은 여의주를 삼켰다」를
최신형 기종으로 쓰고 있다
아니, 키보드를 두드려
부지런히 입력시키고 있다

컴퓨터 앞에 앉아야 비로소
소설 쓸 기분이 난다는 그는
자폐증 환자, 대인공포증이 있는
구보씨는 오늘도 외출하지 않는다
부지런한 구보씨
책 거의 한 권을 쓴
한 달 보름 동안의 노동

오늘도 컴퓨터에다
소설을 써넣는 한밤의 노동
컴퓨터 바이러스가 활동을 개시한 순간에
구보씨 졸고 있다

졸음이 몰려와 잠시
고개를 숙였다가 그만
잠의 늪으로 하강,
세상의 음영이 달라진 순간
그의 의식은 깨어난다

입력해두었던 소설은 온데간데없고*
한 달 보름 동안의 노동은 완전히 헛수고
구보씨는 미칠 지경이 되었지만
아무런 위로의 말이 없는 컴퓨터
빛을 내는 두개골을 안고
구보씨는 오열하기 시작한다

* 이 시의 모델이 된 이는 영화감독 이창동(1954~). 1년 반 동안 쓴 장편소설을 잃어버리고는 소설 쓰기를 그만두고 영화계로 갔다.

항해가 끝났으니
―소설가 송상옥 선배님 영전에

떠돌던 넋이여 이제 정박하시라
그대 70여 년의 항해 참으로 힘들었으리
풍파와 싸우던, 해일을 넘던
피곤한 몸이여 이제 안식하시라

일본 토야마현富山縣에서 나서 마산에서 자랐고
서울 올라와 미아리 서라벌예대 문창과에서 공부했지
서울서 취직했지만 30년 미국 생활
태평양이 가로놓인 그 거리에서
그대 모국어로 소설 쓴 이유를 알 것 같다
광화문과 햄버거와 파피꽃 사이의 거리
그 거리의 간격과 깊이
기쁨과 슬픔의 높낮이를 알 것 같다

왜 그 그리스도는 흑색 그리스도였을까
왜 그대 심장은 바다를 떠돌아야 했을까
왜 바닷가에서 낮술을 마셔야 했을까
낱낱이 다 알 수는 없지만
그대는 마산과 서울과 LA
세 도시를 떠돌다 이제 쉬게 되었으니
다시는 돛 올리지 말고 닻 깊이 내리기를

겨울에도 무지개를 볼 수 있는 그곳에서
그대 안심하라 태평양 이쪽에서도
고개 숙이는 사람들이 있으니
소설책 꺼내 읽는 사람들이 있으니

* 송상옥(1938~2010)

내 동생 태어난 날
—선영이에게

엄마 배 뺑뺑 차더니
엄마 배 많이 아파서 병원에 가셨다

어떤 아기가 내 동생일까
나를 졸졸 따라다닐까 오빠라고 부를까

밤늦게 병원에서 오신 엄마와 아빠
보자기에 돌돌 싸여 같이 온 내 동생
새빨간 얼굴인데 두 눈이 깜박깜박

업어주어야지 손 잡고 다녀야지
떼쓰면 양보하고
잘못하면 고쳐주어야지

내 동생이랑 오래오래
사이좋게 지내야지
오빠야 응 선영아

* 이선영(1962~)

꿈꾸는 작은 돌멩이

아버지,
서울의 하늘에 별이 깔리고 있습니다.
아버지와 함께 고향의 언덕에서 우러르던 그 겨울 별자리련만
오늘은 저 별들이 멀리 있다고 느껴지지 않습니다
길바닥에 드러누워 바라보는 별, 눈뜨라고 돋아나는데
매운 바람 때문인지, 아버지
저는 지금 울고 있습니다
처진 자의 두려움
길 잃은 자의 목마름
위로받지 못한 자의 절망감으로 흘리는 눈물
눈물로 정화되는 당신의 어린 아들입니다

이 세상 모든 지고한 권위 강대한 세력
저 별과 비교할 수 없다고 믿습니다
밤하늘의 장엄미사
가장 깊은 어둠 속에서 솟아나는 누군가의 눈물 방울 방울이
이 지상의 어둠을 보살피는 저 많고 많은 별임을
믿습니다 신념에 의한 자기 헌신의 하루
당신이 뿌린 작은 씨앗인 저는 오늘 조금 더 자랐습니다

아버지,
당신은 흰 머리카락과 주름살, 굽은 허리로
버리면서 사는 지혜를 저에게 가르쳐주셨지요
이제는 갈망하며, 완성하며 사는 지혜를 가르쳐주십시오
막다른 골목에서 몸 돌려 나올 때의 지친 발걸음
지친 인간만이 휴식할 수 있다는 아픈 깨달음을 통해
아버지, 저는 오늘 조금 더 자랐습니다
더 자랐으니 더 베풀겠습니다
베푸는 기쁨으로 죽는 기쁨
그 기쁨까지 마저 죽이고 한 개의 작은 돌멩이
꿈꾸는 작은 돌멩이가 되어 별들을 바라보겠습니다

아버지,
서울의 하늘에 별들이 아주 많이 깔렸습니다
오늘은 겨울 별자리가 아주 가깝게 느껴집니다

* 인천이씨(仁川李氏)로 태어난 것을 무척이나 자랑스러워했던 아버지는 李자 載자 權자 이름을 갖고 살았지만 권력을 한평생 가져보지 못했다. 경찰관이었는데 경위를 달고 그만두었다.

해설

'사람 사막'에서 비를 구하는 시혼

우찬제(문학비평가 · 서강대 교수)

1. 뭉크의 절규, 이승하의 비명

'불안은 영혼을 잠식한다'고 했던가. 라이너 베르너 파스빈더 감독의 영화 제목처럼 불안은 인간 영혼을 잠식하고 인간의 기대 지평을 현저하게 좁히게 마련이다. 그런데 파스빈더 감독처럼 불안을 예술적으로 승화시켜 역설적 감동의 지평을 선사한 이들도 많다. 노르웨이 출신 표현주의 화가 에드바르트 뭉크Edvard Munch도 그렇다. 불행했던 성장 환경과 관련되는 생명과 죽음, 공포와 불안, 고통의 정서는 뭉크의 미술 세계를 관류하는 심미 철학이다. 노르웨이 명문가 출신의 의사인 아버지는 실은 성격 이상자였다. 어머니는 뭉크가 다섯 살 때 결핵으로 세상을 떠났고, 10년 뒤 누나도 같은 병으로 사망했으며, 누이동생은 정신이상 증세를 보였다. 머잖아 아버지와 남동생마저 지상에서 육신을 거두었다. 이런 환경에서 애도 작업마저 제대로 할 수 없었던 사별 가족이 바로 뭉크의 가족이었고, 이런 어린 시절의 경험이 그의 그림 작업에 짙은 심연을 형성했다. 너무나도 잘 알려진 그의 「절규」는 공포와 불안 심리를 극적으로 형상화한 작품이다. 길을 가다가 갑자기 세계가 자신에게 말도 안 되는 폭력적 방식으로 공포와 불안을 조장할 때, 주체는 속수무책으로 절규할 수밖에 없다. 「절규」와 관련해 뭉크는 이런 사연을 얘기한 적이 있다. 해 질 무렵 두 친구와 산책하는데 일순 슬픈 기운이 들며 우울해졌다. 기분 탓인지 갑자기 하늘이 핏빛으로 물들기 시작했다. 너무 불안하고 공포스러웠다. 걸음을 멈추고 난간에 기댈 수밖에 없었다. 두 친구는 저만치 앞서가고 있는데 뭉크만 홀로 공포와 불안에 사로잡혀 있었다. 그렇게 붙박인 채 대자연을 휘젓는 강력하고 무한한 절규를 들었다는 것이다. 대자연을 관통하는 절규라고 했다. 그 절규로 인해 그림 속의 주인물은 불안과 공포에 질린 상태에서 손으로 귀를 틀어막는다. 그러면서 그 또한 절규한다. 절규하는 인물의 뒤쪽 풍경이 전율처럼 강렬하다. 핏빛 색채들의 비명이 천지를 뒤흔든다. 그럴수록 인물의 심리는 공포와 불안의 극한으로 치닫는다. 그림 속의 주인공만 그런 게 아니다. 「절규」를 보면서 그 비명을 듣는 관람자 또한 절규를 전율처럼 관음觀音할 수밖에 없게 된다.

 그 절실한 관람자 중에 한국의 시인 이승하도 속한다. 「병든 아이—에르바르트 뭉크의 그림 1」이나 「면회」, 「10대」 등 여러 시편은 물론 시인의 산문과 대담에서 확인할 수 있는 것처럼, 이승하의 시적 텃밭 또한 그의 네 번째 시집 제목처럼 '폭력과 광기의 나날'이었다. 폭력적인 아버지와 그것을 방조할 수밖에 없었던 어머니, 그런 환경에서 시인 지망생이었다가 정신이상자가 된 여동생, 거기에 반발해 고등학교 때 가출할 수밖에 없었던 사연 등의 가족사도 그렇거니와 청소년기였던 1970년대와 1980년대의 폭력적인 정치 현실 또한 자연스럽게 뭉크에 이끌리게 했던 것 같다. 1984년 <중앙일보> 신춘문예 등단작 「화가 뭉크와 함께」도 벌써 그렇거니와, 앞서 언급한 「병든 아이—에르바르트 뭉크의 그림 1」, 「불안—에르바르트 뭉크의 그림 2」 등 뭉크와 관련한 작품들이 여럿이다. 「절규」의 강렬한 인상에 이끌리고, 시대와 존재의 고통을 함께 앓으며 자신만의 개성적인 예술 세계를 열어나간 뭉크라는 인간에 다가서면서, 이승하는 절규의 주체가 어디 뭉크뿐이겠는가 직관한다. 베트남전쟁 후 보트 피플의 비극과 '한(恨)반도'(「너와 나의 거리」)인 한국의 군사정권하에서 펼쳐진 폭력적 고문 정국에 대한 저항의지를 담은 등단작을 비롯하여 뭉크를 오마주한 여러 시편은 대개 이승하 나름의 시적 비명이었다고 해도 크게 틀리지 않을 터이다. 그것은 시인 정현종의 인상적인 시집 제목처럼 '고통의 축제'였다. 뭉크에게도, 이승하에게도 그랬다. 등단작도 인상적이지만 <중앙일보> 1984년 1월 1일 자에 같이 발표된 당선 소감 또한 각별한 시인의 탄생을 알게 했다. 마침 이번 시집에 수록된 시 「문학평론가 김윤식」 편에 삽입되어 있다. 소감에서 청년 이승하는 '세 가지 자문'을 제기하며 자신의 문자 행위의 출발점을 분명히 한다. "나는 무엇인가/ 나는 무엇을 할 수 있는가/ 나는 지금 무엇을 하고 있는가". 이런 자문에 답을 구하기 위해 그는 시적 여정을 출발한다. "보다 깊은 우물의 의미와/ 열려진 세계의 끝을 찾으려는 노력./ 명암에 대한 성찰에의 길을/ 이제 떠나야 한다./ 언어로 성취할 수 있는 것이 아무것도 없을지라도/ 내 정신은 늘 부활을 꿈꿀 것이다./

고통마저 사랑하기 위하여/ 이 땅 이 시대의 당신들을 벗 삼기 위하여." 이런 다부진 출발을 한 지 어느덧 40년이다. 누구보다도 시에 들려 그만의 시의 성채를 치열하게 구축했다. 15권의 시집과 2권의 시선집을 비롯해 4권의 평전과 1권의 소설집, 그리고 다수의 평론집과 산문집을 출간했다. 속절없이 폭력적인 현실, 그 '폭력과 광기의 나날', 어쩔 수 없는 '욥의 슬픔'이 그치지 않는 상황, 하늘의 별마저 '뼈아픈 별'일 수밖에 없는 현실, '우리들의 유토피아'는 너무 먼 곳으로 밀려나 있기에 시인이 서정적으로 추구하는 '사랑의 탐구'마저 절규 내지 비명의 형식에서 예외가 될 수 없는 시절이었기에, 그의 시력 40년은 어쩌면 그의 시선집 제목처럼 '공포와 전율의 나날'에 가까운 것이었는지 모른다. 이런 40년의 시적 열정은 출발점에서의 다짐과 자문에 대한 자답을 얻기 위한 시적 의지였다. '지상의 길'에서 '천상의 바람'을 희원한 순수 시혼이었다. 그의 시적 의지와 열정은 40년이 지난 지금도 여전한 것 같다. 40년 전의 당선 소감을 호출한 다음 이어지는 현재의 시적 진술에서 거듭 확인된다.

> 내 비명에 내 고막이 터질 정도로
> 광야에서 외치리라 일천 편의 시를
> 내 응시가 내 안구를 파열시킬 정도로
> 산정에서 쏘아보리라 백일의 태양을
>
> 병 깊은 동시대인이여
> 귀 멀지 않고 눈 멀지 않은 내가

종생토록 시를 쓸 수 있다면

노예선에서 생을 마친들 뭐이 어떠랴

—「문학평론가 김윤식」 부분

"내 비명에 내 고막이 터질 정도로/ 광야에서 외치리라"고 했다. "노예선의 벤허처럼 눈에 불을 켜야만 나는 사는 것"이라고 1962년 8월 『현대문학』 천료 소감을 밝혔던 평론가 김윤식으로부터 배운 것이 "내가 나를 포기하지 말아야 한다는 것/ 내가 내 눈에 불을 질러야 한다는 것"이었는데, 여전히 병이 깊은 동시대를 위해 노예선의 벤허처럼 그렇게 종생토록 시를 쓰겠다는 의지는 여전하다. 40년의 세월이 느껴지지 않을 정도로 그 의지의 열도熱度는 도저하다.

그런 시적 의지로 16번째 시집 『사람 사막』을 상자한다. '사하라사막'이 아니고 '사람 사막'이다. 왜 '사람 사막'인가? 이 질문부터 독자들을 긴장의 지평으로 이끈다. 이 시집에 수록된 모든 시에 사람의 실명이 나온다. 우선 그 이름들을 먼저 일별해 보기로 하자. 시인으로 김소월, 김동환, 이상, 백석과 자야 김영한, 임화, 윤동주, 나혜석, 서정주, 구상, 한하운, 박인환, 김수영, 천상병, 신동엽과 그의 부인 인병선, 박재삼, 박희진, 정진규, 윤상규/윤후명, 박정만, 송석증, 마광수, 김영승, 기형도, 박형희, 이영훈 등이, 소설가로 이광수, 김유정, 이상, 지하련, 김승옥, 송상옥, 윤후명, 방현석 등이 초대된다. 두보(杜甫)나 이하(李賀) 같은 중국 시인들은 물론, 아르튀르 랭보, 샤를 보들레르, 폴 베를렌 같은 프랑스 시인, 러시아 작가 도스토예프스키 등도 이승하의 '사람 사막'의 거주민이다. 화가 고흐와 그 동생 테오도 보이고, 무용가 최승희와 그의 남편인 평론가 안막, 평론가 김윤식도 호명된다. 사상가 마르크스, 영국의 군인이자 고고학자 토머스 에드워드 로렌스 역시 '사람 사막'에 흔들리는 번지수를 지닌다. 또 한국인 최초의 천주교 신부였던 김대건 성인, 구한말 의병장 최익현, 김덕령, 이순신, 설봉, 명성황후, 고종, 봉오동 전투와 청산리 전투로 빛나는 만주 대한독립군 총사령관 홍범도, 이승만에서 문재인에 이르기까지 역대 대통령, 화가 최북, 아나키스트 가네코 후미코와 박열, 조만식과 전선애, 안중근, 가미가제 특공대로 자폭한 17세의 박동훈, 은율탈춤을 복원한 인간문화재 장용수, 영화배우 이영호, 가수 김현식, 2007년 61명의 사상자를 낸 미국 조지아텍 총기 난사범 조승희, 2017년 라스베이거스에서 사망자 59명, 부상자 527명을 낸 총기 난사범 스티븐 패덕, 1997년 6월 24일 일본 고베시에서 엽기적인 연쇄 살인 행각을 벌인 중학생, 아프가니스탄에서 선교 활동을 하다가 2007년 8월 무장세력 탈레반에 의해 피랍 살해된 목사 배형규, 일본의 3D 버추얼 캐릭터 사야 등 다양한 사람들이 '사람 사막'의 광장에서 색다른 교향악을 연주한다. 그리고 가족이 있다. 아버지, 어머니, 누이, 아내, 아들이 등장한다. 다양한 사람들을 초점화하고 대상화하고 거리를 조정하면서 인간 그 자체에 대한 탐문의 심연으로 내려간다. "나는 무엇인가"라는 질문으로 시작했던 이승하는 이제 나를 포함한 "인간은 무엇인가"라는 질문으로 확대 심화하고 있는 것이다. 그것도 사막에서……

2. 마그리트의 사람-비, 이승하의 비-사람

　르네 마그리트René Magritte의 1953년 작「골콩드Golconde」 혹은「겨울비」라 불리는 초현실주의 그림을 우리는 잘 알고 있다. 골콩드는 한 때 다이아몬드 광석으로 유명했던 인도 도시이다. 14세기 중반부터 17세기 말까지 왕국의 수도이기도 했던 골콩드는 현재 유네스코 문화유산으로 지정된 곳이다. 그런데 그림의 풍경과 골콩드는 별로 관련이 없어 보인다. 파이프를 그려 놓고 '이것은 파이프가 아니다'라는 제목을 붙였던 마그리트답다. 제목은 해석을 위한 게 아니며, 그림이 제목을 풀이하는 삽화가 아니라는 생각을 견지했던 화가였다. 그는 종종 그림을 그린 다음 친구들을 초대해 제목을 짓게 했다는데, 문제작 '골콩드'는 시인 스퀴트네르Louis Scuternaire가 붙인 것으로 전해진다. 캔버스 중앙에서 화면 밖을 응시하는 인물이 바로 그 시인이다. 어쨌든 비처럼 사람들이 강림하는 풍경이 캔버스를 압도한다. 제목을 지은 시인 스퀴트네르를 포함해 모든 캐릭터는 한결같이 중절모에 코트 차림이다. 캐릭터의 표정이나 자세, 시선의 방향은 모두 다르다. 저마다 개성적인 몸짓을 보이는 빗방울들이다. 지붕 아래쪽 캐릭터들은 그림자가 있는데 하늘의 인물들은 그림자가 없다. 그림의 특성상 정지된 것처럼 보이지만, 전반적으로 하늘에서 지상으로 내리는 사람-비의 이미지로 보인다. 그렇게 사람-비, 그러니까 실제의 비가 아니라 사람-비가 내려 지상을 차곡차곡 이런 시선과 저런 욕망을 지닌 사람들로 채우게 되면 어느 순간 사람-사막이 될 수도 있지 않을까. 마그리트가 중절모와 코트라는 외적 공통점을 살리면서 다양한 사람-비를 변형 생성했듯이, 이승하도 다양한 사람들의 이야기를 통해 인간은 무엇인가와 관련된 질문에 응답하고자 한다.

먼저 폭력과 광기 주제와 관련한 극단적인 인물군이 격렬한 모래 바람을 일으키는 사막이 있다. 1997년 6월 24일 일본 고베시에서 엽기적인 연쇄 살인 행각을 벌인 중학생, 2007년 사망자 32명 부상자 29명을 낸 미국 조지아텍 총기 난사범 조승희, 2017년 라스베이거스에서 조승희의 기록을 깨겠다며 사망자 59명, 부상자 527명을 낸 총기 난사범 스티븐 패덕 등이 그 사막을 더욱 뜨겁게 달군다. 랩처럼 경쾌하게 전개되는 주인공의 넋두리는 일단 이런 배경에서 전개된다. "여기는 사막에 세워진 도박의 도시", "여기선 살인 축제를 언제라도 즐길 수 있지 자동화기를 아무나 살 수 있지". 아비는 은행강도였고, 자신의 취미는 총을 사 모으는 것이었다는 스티븐 패덕, "도박에 미치고 음악에 취한 인간들이 2만 2,000명이나 모"인 엄청난 인파야말로 "총의 성능을 실험할 수 있는 기회"이자 "신이 있는지 없는지 실험해볼 수 있는 멋진 기회"라며 "마약을 하지 않"은 "제정신으로" 당겼다는 희대의 살인마, 더욱이 "내 이름을 오래 기억해줘 스티븐 패덕 가장 많은 사람을 죽인 살인마로 기억해주길 바라"(「스티븐 패덕의 넋두리」)라고 말하는 사람, 이런 사람이 모인 사막에도 숨은 우물이 과연 존재할 것인가? 「Big News」도 그런 극한 사막의 풍경이다. "고베시의 다이바타케 초등학교 6학년생인 하세준(11)을 지난달 24일 살해해 톱으로 머리와 동체를 절단한 뒤, 도모가오케 중학교의 정문 앞에 그의 머리를 방치한 이 중학교 3학년생"의 이야기다.

시인은 1997년 6월 30일 자 신문 기사를 20년 동안 서랍 속에 두었다가 세월호의 비극 속에서 다시 꺼내게 되었다고 했다. 시는 기사 및 기사의 서사와 관련한 인물의 의식을 상상적으로 재현한 부분이 교차 서술된다. "까만 일개미들을 죽이는 재미/ 하얀 개미 알들을 터뜨리는 재미/ 매미의 목을 비트는 재미/ 잠자리의 날개를 자르는 재미" 이렇게 폭력적 가학성을 열거한 다음 "재미없는 세상에서 재미있는 유일한 일은/ 살인…… 쇠파이프와 나이프로"라는 독설을 퍼붓는다. 중학교 3학년생의 의식이라고 보기에는 너무나도 끔찍한 발언들은 더욱 가속 페달을 밟는다. 사람을 톱으로 잔혹하게 죽여 그 머리를 학교 앞에 방치한 이유는, 죽음의 뉴스가 널린 세상에서 "진정한 news가 될 수 있"게 하려고 그랬다는 것, "반항하지 못할 세상의 약한 것들을" 때려죽이고 싶었던 것은 그 죽음에 슬퍼할 "이 망할 세상의 어른들"에게 복수하고 싶어서 그랬다는 것, 그러면서 자신의 이 잔악한 폭력 행위는 모두 세상과 어른들에게 배운 것이고 따라 한 것일 뿐이라고 말한다.

>폭력 영화의 폭력 장면을 생각해보십시오.
>걸프 전쟁의 폭격 장면을 생각해보십시오.
>미국 학내의 살인 현장을 생각해보십시오.
>엽기적인 살인?
>학교 꼰대들의 폭언 장면을 직접 보십시오.
>엽기적인 살인은 누구나 저지를 수 있는 것이며
>누구나 당할 수 있는 것이죠.
>저는 단지 그것을 보여주고 싶었을 따름입니다.
>　　　　　　　　　—「Big News」 부분

신문 기사는 어린 중학생의 엽기적인 살인 행각을 건조하게 드러낸 것이었다. 그런 기사를 바탕으로 시인은 다시 질문한다. 도대체 왜? 그러면서 그 중학생에게만 돌을 던질 게 아니라 세상의 어른들 모두 함께 속죄하고 대속해야 된다는 마음을 이끌어낸다. 죄를 지은 이에 대한 분노와 적의, 비판과 적개심에 앞서 왜? 라고 질문하는 시인의 이런 시적 수행은 시적 정의를 지향할 단초를 마련하는 작업에 속한다. 버지니어넥 총기 난사범 조승희의 사건과 IS(이슬람 국가) 폭탄 테러를 함께 다른 「이런 기적이」에서는 "모든 탄생은 기적"인데 그 기적이 일어나는 데서 멀지 않은 곳에서 벌어지는 죽임의 사건, 혹은 기적을 회수하는 사건을 병치하면서 왜? 라고 질문한다. "왜 인간은 서로 사랑하지 않고"(「이런 기적이」). 몸도 마음도 온통 극한 사막의 표상일 수밖에 없었던 스티븐 패덕, 조승희, 그리고 일본의 중학생의 사례에서 시인은 사랑의 우물이 마른 사막의 살풍경을 읽어낸다. 그러면서 그보다 먼저 사랑이 결핍된 사람 사막에 사랑의 우물을 전하려던 이들의 희원을 비장하게 떠올린다. 김대건 성인과 배형규 목사 관련 시편들이 그 경우에 속한다. 말하자면 조승희나 스티븐 패덕 등이 비를 필요로 하는 비-사람이었다면, 김대건 성인과 배형규 목사 등은 그들에게 비를 내려주고자 한 비-사람이다.

　　한국인 최초의 가톨릭 사제인 김대건 안드레아 성인의 평전을 쓴 적이 있는 시인이어서 그런지 그에 관한 두 시편이 무척 인상적이다. 「국경을 넘는 김대건」은 1845년 중국 상하이에서 사제품을 받은 김대건 신부가 귀국선 라파엘호를 타고 항해하는 과정을 극화한 시다. 페레올 주교와 다블뤼 신부를 모시고 귀국하는 중차대한 임무를 수행하기 위해 김대건 신부는 길이 13.5m, 폭 4.8m, 선체 높이 2.1m 크기의 목선에 여행자의 수호천사인 라파엘의 가호를 구하기 위해 라파엘호라 이름 붙이고 항해를 시작한다. "국경을 넘는다는 것/ 인간을 향한 길에서 벗어나/ 신을 향한 길로 나선다는 것/ 풍랑을 헤치고 온갖 핍박을 피해" 이 목선은 애초에 먼 바다를 항해하기에는 역부족이었으나 오로지 그리스도가 선사한 사랑의 우물을 전하기 위한 소명으로 도전한다. 과연 항해 중에 거친 파도의 시험은 엄청난 것이었다.

> 맹수 같은 이빨로 폭풍우가
> 태산 같은 높이로 파도가
> 우지끈 뚝딱 키 부러지고
> 기를 찢으며 울부짖는 바람
>
> 돛대를 버리자! 최후의 수단으로
> 도끼를 내려쳐 자른 돛대
> 모두 기절한 상태가 되어
> 쓰러져 있을 때, 고요해진 바다
>
> 별이 빛나고 있는 것이었다
> 바닷물이 육지와 부딪히는 소리
> 조선으로 가는 길이 험하였다 그만큼
> 주를 만나러 가는 길이 지독했다 그렇게
> ―「국경을 넘는 김대건」 부분

최후의 수단으로 돛대까지 버렸다. 그렇다는 것은 자신과 배 위의 모든 목숨을 주님께 바치겠다는 허허로운 순교 의지와 통한다. 다행히 은총에 힘입어 기적처럼 귀국하게 된다. 그런데 "고요해진 바다"에 빛나던 별이 언제나 김대건 신부의 편은 아니었던 모양이다. 머잖아 '슬픈 별'이 된다. 귀국한 지 얼마 안 되어 천주교를 박해하는 당국에 체포되어 마침내 효수형에 처해지기 때문이다. 「새남터 망나니」는 1846년 9월 16일 서울 새남터에서 '피의 순교' 길을 안내한 망나니의 시점과 어조로 그린 김대건 신부 최후의 풍경이다. 자기 업무를 수행하기 위해 백사장에 나온 망나니는 칼끝이 향한 대상을 응시한다. "저 젊은이 머리 이제 곧 백사장에 나뒹굴 것이다 나이 고작 스물여섯이란다 망나니 생활 삽십 년에 저런 홍안은 처음이네 어쩜 저렇게 태연할 수가"(「새남터 망나니」). "망나니 생활 삼십 년에 저런 홍안은 처음"이라는 망나니는 "고작 스물여섯"의 "홍안"이 "저렇게 태연할 수" 있다는 것에 놀라움과 안타까움을 표한다. "빨리 목을 베자 조금이라도 덜 아프게 말야 장가도 못 갔다는군 애비와 작은할배는 효수형으로 증조할배는 옥사로 그만"이라고 읊조리는 대목에서 그 민연憫然함은 더욱 깊어만 간다. "지금도 잊히지 않는 것은 그 의연한 표정과 그 말이다 그만 도시오 어지럽소 빨리 내 목을 치시오 나는 준비가 다 되었으니 어서 내 목을 자르시오" 처형되는 이의 '의연'과 처형하는 자의 '민연' 사이에서 이루어지는 '독백'은 '폭력과 광기의 나날'을 초극할 수 있는 어떤 서정의 힘을 감각하게 하면서 독자의 대화 지평을 형성한다. 그 지평을 통해 시인과 독자는 함께 그분을 영접하게 된다. 또 "수선탁덕首先鐸德"이라 불리었던 이를 순교의 세계로 인도한 망나니가 다른 때와 달리 근본적인 질문을 하는 모습도 주목에 값한다. "임금을 안 믿고 하늘나라의 임금을 믿는 것은 죽을죄인데 왜 그런 죄를 지었던 것일까 죄를 지었으면 용서해 달라 빌어야 하는데 곧 죽어도 저렇게 꼿꼿하게". 도무지 알 수 없었던 게다. 그리고 죽음을 앞에 두고도 의연하고 당당했던 모습도 인상적인 질문거리였다고 전한다. 이런저런 질문 때문에 그날 밤 망나니는 일을 마치면 으레 마시곤 했던 술도 못 마셨다고 전한다. 혹시 그 홍안의 수선탁덕이 내려준 사랑의 빗물에 가슴을 적셨기 때문이었을까. 빗물이 필요한 사람과 빗물을 나누는 사람 사이의 말 없는 교감 같은 것이었을까. 그런 복잡한 질문의 지평이 거듭 열린다.

「끌려간 목사—배형규 목사의 부음 앞에서」도 같은 맥락에서 읽힌다. 2007년 7월 아프가니스탄에 선교 활동을 하러 갔다가 무장세력 탈레반에 의해 피랍, 살해된 배형규 목사의 부음을 접한 시인의 조시弔詩다. 그 1연은 이렇다. "그 사막에 말씀을 전하러 갔는가/ 귀담아 들으려 하지 않는 무장단체/ 총을 든 그들의 손에다 성경을?/ 말이 통하지 않아서/ 손짓과 발짓으로 말했는가/ 예수가 이 땅에 오신 뜻을/ 십자가에 매달린 뜻을". 특히 첫 행이 인상적이다. '사막'과 '말씀'의 대조가 이미 많은 것을 함축하며 긴장감을 자아낸다. '사막'은 "귀담아 들으려 하지 않는 무장단체"의 "총"의 상관물이며, 사막에선 "환한 대낮인데 깜깜한 시간"만 지속될 뿐이다. 거기서 생명은 "죽을지 모른다는 공포감 속에서/ 가위눌린"다. 그런 '사막'의 처지에 생명의 빗물과도 같은 '말씀'을 전하러 갔지만, 전하지 못한 채, 마지막 기도도 채 끝나기 전에 사막의 죽음을 맞이한다. "귀뚜라미 한 마리/ 죽은 그대 옆에 와서 울고 있다"라는 마무리가 비극적 죽음에 대한 애도의 파토스에 깊이를 보탠다.

이런 사막의 현실이 계속된다면 인간 세상은 어떻게 되는가. 빈센트 반 고흐가 동생 테오에게 전하는 서간체 스타일의 시편 「슬픔은 끝이 없다」의 제목처럼 그렇게 될 수밖에 없지 않을까. 세상을 사랑했고, 멀쩡한 정신으로 그리고 싶었지만 고흐는 사막과도 같은 현실에서 철저하게 절망할 수밖에 없었음을 토로한다. "아프기만 아프고 슬프기만 슬프고 […] 아아 슬픔은 끝이 없단다." 그렇게 슬픔이 많은 사막의 현실에서라면 사람들은 근심 걱정이 많고 그래서 뭔가 다른 경지를 위해 절대자에게 하염없이 빌게 되는 사태가 벌어진다. 명산대찰은 물론 도처에 발원하는 돌탑이 바벨탑처럼 위로 올라가고 있음을 우리는 늘 보고 있다. 「빈다」는 그런 현실을 인상적으로 점묘한다. "사타구니 위에도 발 밑에도 돌이 쌓여 있다/ 근심이 쌓여 있다. 이 근심에서 헤어나고자/우리는 오늘도 건투를 빈다 행운을 빈다". 「윤회와 부활」이 주목되는 것도 비슷한 사정에서이다. "붓다가 인간으로 다시 태어나고/ 예수가 부활하여 만나는 일이 있다면/ 손 맞잡고 울기부터 하리/ 두 사람 울음이 하늘 부들부들 떨게 해/ 우레가 되고 40일의 홍수가 되고". 이런 가정법의 세계에는 사람 사막의 현실에 대한 시인의 도저한 절망이 깃들어 있다. "인도 2500년이 지나도 이스라엘 2000년이 지나도/ 사고 팔고, 지지고 볶고, 죽이고 살리고" 하는 현실은 조금도 개선되지 않았으며, 아니 더 악화일로의 상황이 되고 말았으니, 결코 윤회하지 말고 부활하지 말았으면 좋겠다고 역설한다.

> 예나 지금이나
> 때리는 사람과 맞는 사람
> 욕하는 사람과 욕먹는 사람
> 배부른 사람과 배고픈 사람
> 살려는 사람과 죽이려는 사람
>
> 한참 울고 헤어질 때 천지를 뒤흔드는 소리
> 원자력발전소가 폭발하고 핵폭탄이 터지고
> 산이 무너지고 도시가 사라지고
> 핵우산 아래서 미세먼지를 들이마시고 있는
> 붓다와 예수여
> 다시는 윤회하지 말지니 부활하지 말지니
> ―「윤회와 부활」3, 4연

특히 「윤회와 부활」의 4연은 여섯 번째 종말을 향해 치닫는 사람 사막의 풍경을 극적으로 환기한다. 어쩌다 이렇게 되었을까. 일찍이 붓다가 설파했던 큰 슬픔과 큰 자비, 예수가 강조했던 사랑과 긍휼의 마음이 사막화되었기 때문이 아닐까, 시인은 고뇌한다. 빈센트 반 고흐가 그랬고, 랭보가 그랬던 것처럼, 이승하도 그런 큰 슬픔의 심연으로 내려가 사막의 우물물을 예비하고자 한다. 우선 자신과 타인, 세상을 위해 진심으로 눈물을 흘릴 수 있어야 한다. 눈물들이 모여 우물이 되게 해야 한다. 「꿈꾸는 작은 돌멩이」에서 "처진 자의 두려움/ 길 잃은 자의 목마름/ 위로받지 못한 자의 절망감으로 흘리는 눈물"을 전경화하며 "눈물로 정화되는 당신의 어린 아들"을 주목하는 것은 그런 까닭이다. 그것은 시인 자신을 향한 응시이자 뭇 타인들을 향한 시선의 복합적 상호작용을 암시한다. 사막에서 새로운 생명의 가능성은 눈물에서 말미암을 수 있음을 발견한다. 「밤의 계단―한빛맹아학교 졸업식장에서」 시인은 "마음의 눈으로 세상을 보기로 했다"는 시각장애 아동의 답사를 들으면서 아연 긴장하고 반성한다. 일단 가까운 가족사에서 그 심안을 통한 교감과 소통의 지평을 마련하려 한다. "이 캄캄한 세상에 내보낸/ 어머니를 한때는 원망했겠지만/ 지상에 크나큰 슬픔을 짐 지고 오신/ 당신 반평생의 침묵을/ 이제는 조금 알게도 되었을 것이다." 이렇게 어머니에 대한 이해와 연민의 정서를 심화하면서 이 순간에도 "생명이 자라고 있음을" 절감하는 서정으로 확산한다. "죽은 줄 알았던 나무에서 싹 돋고/ 죽은 줄 알았던 나무에서 꽃 피는/ 봄이 올 것을 아는/ 세상의 뭇 생명체여". 그 깨달음을 아들에게도 전하고 싶어 한다. "아들아/ 우주의 크기보다 더 큰 슬픔의 땅에서/ 살다가 죽은 사람이 거름이 된단다/ 저 나무들을 키우고/ 나무는 피 흘리듯 꽃을 피운단다"(「꽃과 피―경기도 양평 중미산천문대에서, 아들에게」).

그러나 "큰 슬픔의 땅"에서 "마음의 눈으로" 세상을 본다는 것은, 더욱이 살아간다는 것은 결코 쉬운 일은 아니다. 「어둠 끝에 서다―영화배우 이영호 님께」 같은 시편을 보면 "약을 잘못 먹어 잠시 실명했을 때/ 이 세상이 낭떠러지 끝"이었다며 "그곳의 지독한 안개 더 지독한 침묵"을 떠올리며 앞을 보지 못하게 된 한 영화배우의 처지에 그윽한 연민과 교감의 정조를 보인다. "아침 하늘을 수놓는 새 떼의 일제 비상"도, "그리 좋아했던 영화"도, "그 영화 여주인공의 묘한 미소"도 보지 못하게 된, 그래서 "사물은 차갑고, 사람은 더 차갑"게 느껴질 수 있을 그의 처지를 구체적으로 상상하며 온정을 보낸다. 이 시에서 구체성은 곧 연민과 교감의 정도를 입증하는 것이다. 사람 사막에서의 아픔, 슬픔에 대한 시인의 탐문은 다양하게 변주된다. "맨정신으로 어찌 살아가겠소"(「나 소월이오」)라고 겨워했던 소월의 전언이, "세상이 나로부터 등 돌린 것을 알았을 때/ 내가 할 수 있었던 유일한 것은/ 세상으로부터 등 돌려버리는 것/ […] / 가고 싶은 지금 즉시 가지 않는다면/ 너희들은 산 주검이 아니면 죽은 목숨인 것을/ 나는 이제껏 지옥에서 사계절을 났으나/ 지글지글 들끓는 내 마음 같은 적도의 태양"(「천국의 랭보―여행에의 권유」) 같은 랭보의 절규, "전율을 찾아서/ 기대를 배반하는 새로운 충격을 느껴보려/ 이 집에서의 모든 기억을 버리기로 마음먹는다"(「행려병자의 노래―나혜석」)라고 했던 나혜석의 비창에 시인은 슬픔의 강세를 부여한다.

아픔과 슬픔을 예술로 승화시켰던 이들에게 관심을 가지는 것도 큰 슬픔의 가치를 탐문하는 작업의 일환이다. 두보 초당에 가서 시인은 "도토리 줍고 마를 캐어 먹여 살린 식구/ 거적지붕 낡은 배 한 척이 집이었던" 두보, "약초를 캐면서도, 내다 팔면서도 시 생각하고/ 동정호에 가서도, 악양루에 가서도 시를 썼던" 두보를 떠올린다. 그러면서 두보의 시가 온갖 현실적 아픔을 딛고 일어선 승화의 경지임을 확인하며 자신도 그 지평에 동참하고 싶어 한다. "오래 아파서 아름다웠던 이여/ 영광은 언제나 고난 뒤에 오는 것/ 나 돌아가 많이 아파보아야 한다"(「오래 아프면 아름다울 수 있다」). "그대/ 아프지 말라/ 나처럼/ 아프지 말라"(「구름을 보며 노래하다―한하운이 R에게」)라고 했던 한하운의 메시지를 옮기며, 나는 아프되 남은 아프지 않기를 바라는 예술가의 진정성을 떠올린다. 한하운 같은 동료가 있었다면 형장으로 끌려가는 동안 도스토예프스키가 그토록 무섭지 않아도 좋았을 터이다. "죽음에 대한 공포보다/ 무서웠으리/ 사채업자에게 진 노름빚보다/ 무서웠으리/ 내가 죽어도/ 울어줄 사람이 없다는 사실이"(「도스토예프스키, 형장으로 끌려가는 동안」). 또 윤동주의 「참회록」의 기원을 성찰하며 시인의 욕된 슬픔을 헤아리려 한 시편도 인상적이다. "일본 본토에 가 공부한다는 것이 그다지 욕된 일이었을까/ 성씨를 고쳐 신고한 날 1942년 1월 29일/ 그 닷새 전에 시를 썼지 「참회록」을/ 여백에 낙서할 때의 기분이 어땠을까"(「잃어버린 성을 찾아서」). 윤동주는 1942년 1월 24일에 쓴 시 「참회록」 아래에 이런 낙서를 해놓았다고 한다. "시인의 고백, 도항증명, 힘, 생존, 생명, 문학, 시란? 不知道, 古鏡, 비애 금물". 물론 그런 낙서로도 다 풀리지 않는다. 어쨌든 한없는 염결성을 지녔던 선배 시인의 슬픈 고백을 접하면서 후배 시인 이승하는 비애의 심연으로 내려간다. 앞에서 본 두보 시편이나 윤동주 시편에서도 그랬지만 "귀천 한 편만으로도/ 불멸의 시인이 된 천상병/ 울음이 타는 가을강 한 편만으로도/ 불멸의 시인이 된 박재삼"(「천상병과 박재삼」) 같은 경우처럼 앞선 시적 경지에 대한 찬가 형식의 시편들이 있는가 하면, 비판의 세목을 예각적으로 드러낸 경우도 적지 않다. 가령 「인간 수영」 같은 시편에서 이승하는 현대시사의 큰 광맥에 해당하는 시인 김수영의 인간적인 면모에 대해 비판적 접근을 과감히 수행한다. 이 시의 1~4연까지 김수영 시인의 행적과 관련한 인간적 불만을 열거한다. 그런 다음 5연을 이렇게 마무리한다.

> 시로는 사랑의 변주곡을 들려주었고
> 바람이 되어 풀을 눕혔고 스스로 거대한 뿌리였지만
> 겁많은, 옹졸한, 비겁한, 파렴치한……
> 아니, 인간적인, 너무나도 인간적인……
>
> ―「인간 수영」 5연

이 5연이 주목되는 것은 반전의 반전을 거듭하는 시적 긴장 때문이다. 앞의 두 행에서 시인은 김수영의 시적 성취를 일목요연하게 풀어 보였다. 그러나 3연에서는 인간적으로는 불만이 많을 수밖에 없다는, 그래서 앞의 1~4연까지 그렇게 제시한 것이라고 분명히 한다. 반전이다. 예술적 성취에 반하는 인간적 불만을 극적으로 대조한다. 그러나 4행에서 다시 반전의 반전을 시도한다. 니체의 구절을 패러디하여 "인간적인, 너무나도 인간적인……"이라고 했다. 그렇다고 해서 인간적으로 이해하고 수용한다는 쪽으로 마무리된 것 같지 않다. 거듭 인간 혹은 인간적인 것에 대한 복합적 질문을 던지고 있다고 보는 편이 더 온당할 것이다. 이 5연의 앞 두 행에서도 확인할 수 있고,「천상병과 박재삼」도 그렇거니와, 인유의 수사학적 장기를 보인 신동엽 시인이 아내 인병선 여사에게 보낸 시편에서 이승하는 재치 있는 인유로 수사학적 효과를 제고한다. "풀잎으로 묶어준 갈래머리/ 그대 생각하며 시를 썼더라면/ 이야기하는 쟁기꾼의 대지처럼/ 끈질기에 짚과 풀을 키워냈더라면"(「지푸라기처럼—인병선 여사에게」). 여기서 다룬 시인들은 대부분 세상에 절망하고 부끄러워 눈물 흘리면서도 타인의 아픔을 위해 눈물 흘리며 시적 성취를 이룬 사람들이다. 그런 시인들을 시화하면서 이승하는 시인으로서 반성적 자의식을 보이기도 한다. "이상이 이하보다 1년 더 살았다/ 그들보다 갑절을 더 산/ 나/ 삶의 두께 켜켜이 저며 넣은/ 시 한 편 쓰지 않았다/ 뜨거운 피의 시, 그 이상 같은 시를/ 차가운 술의 시, 그 이하 같은 시를"(「그 이상, 그 이하」).

3. 생텍쥐페리의 우물과 이승하의 선인장

잠시 『어린 왕자』의 사막 풍경을 에둘러가기로 하자. 비행기 기관 고장으로 사막에 불시착한 지 여드레째 되는 날, 물이 떨어진 작가는 어린 왕자와 함께 사막에서 물을 찾는다. 어린 왕자가 말한다. "사막이 아름다운 건 어딘가에 우물이 숨어 있어서 그래." 바람의 노래를 들으며 고운 모래들이 천태만상을 형성하는 사막은 필경 모래와 바람과 하늘의 오케스트라일 터인데, 어린 왕자는 그 심연에서 대뜸 우물을 지목한다. 읽고 또 읽어도 놀라운 대목이다. 보이는 사막에서 보이지 않는 우물을 바라보는 영혼의 눈 덕분이었을까. 그들은 마침내 우물을 발견하게 된다. 그런데 그 우물은 사하라 사막에 있는 샘 같지 않다. 사하라 사막의 샘은 고작 모래 속에 뚫린 구멍일 뿐인데,

그들이 발견한 샘은 마을에 있는 우물 같았다. 도르래도, 물통도, 끈도 다 준비되어 있다. 어린 왕자가 도르래를 돌리려 하자, 오랜 침묵을 깨고 삐걱거린다. 그 소리를 들으며 어린 왕자는 환호한다. "우리가 이 우물을 깨우니까 노래하는 거야……" 도르래의 노래를 들으며 둘이 물을 마신다. 그 물은 결코 단순한 물일 수 없다. 특별한 천상의 선물에 가까운 어떤 것으로 축제처럼 달콤하다(졸저, 『책의 질문』, 열림원, 2023, 83~84쪽).

그러나 생텍쥐페리의 환상은 현실의 상상에서 종종 거절된다. 이승하의 사막에서도 그렇다. "낙타를 타지 않고는/ 금방 쓰러져 사막이 되"는 공간, "농부도 유목민도 살 수 없"는 "모래의 무덤"에서 "낙오되면 낙타와 함께 주검이 될 뿐"(「사막을 건너는 법—영화 <아라비아의 로렌스>를 보다」)인 사막에서 오아시스를 발견하는 것도 쉽지 않고, 그러기에 사막을 건너는 것은 한없이 지난하다. 시인이 관찰한 '말의 사막' 또한 형세가 비슷하다. 아니 더 지독하다. "필화와 설화가 사람을 죽음으로 몰아간다/ 모함의 감옥에 가둬 손가락질하고/ 구설의 도마에 올려 난도질하고/ 죄가 없어도 처형되는 경우가 있다/ [……] / 세객이여 유세객이여/ 세 치에 불과한 혀로/ 선업을 쌓아도 고작 10년 내지 20년인 것을/ 그러니 그대 고요하라/ 말의 사막에는 오아시스가 없다"(「말의 사막에는 오아시스가 없다」). 정치의 광장에서 자주 형성되는 말의 사막에 비판적으로 접근한 시편이다. 인터넷과 SNS 시대를 맞아 이른바 가짜 뉴스를 비롯한 세계 도처의 정치 현실에서 볼 수 있는 이런 말의 사막이야말로 실제의 사막보다 더 사막 같은 사람 사막의 불모지 형상이라는 것이 시인의 엄중한 진단이다. 그런 이유 때문에라도 인간 세계는 더욱 사막화된다. 말의 사막을 조장하고 형성하고 넓히는 "세객"들에게도 앞에서 성찰한 큰 슬픔이나 큰 아픔의 정조가 있을까. 그들의 가슴에서 물기가 있을까. 그들의 눈에도 눈물이 남아 있을까. '말의 사막'에 대해 아직은 비관적이다. "우리 가슴에서 물기가 사라지고 있습니다"(「데스 밸리 사막의 밤—송석증 시인에게」). 그런 까닭에 사막은 도시를 더욱 삭막하게 한다. 사람 사막의 풍경은 이렇게 비유된다. "사막이 점점 넓어져 도시를 뒤덮고/ 바다가 보이는 언덕의 무덤들을/ 차례로 덮을 것입니다/ 이곳은 모래의 출생지 모래의 무덤". 물기가 사라지면서 "푸르렀던 지구"는 "노랗게 변하"며 삭막한 사막화에 속도를 낸다. 이런 사람 사막의 시대에 시인은 무엇인가. 이승하는 시인을 이렇게 호명한다. "도시의 선인장이 된 시인이여"(「데스 밸리 사막의 밤—송석증 시인에게」). 어떻게 도시의 선인장인가. 아마도 시인은 여전히 가슴에 물기를 지니고 눈에 눈물을 지닌 존재이기 때문에 선인장을 길러낼 수 있는 존재라고 본 것이 아닐까. 이승하가 보기에 적어도 시인은 사람 사막을 건너는 법을 구하고 헤아리는 존재라야 한다.

> 하늘과 땅, 태양과 바람, 대자연과 일체가 되어 나를 잊고
> 홀로 있게 한다 삶도 꿈도 목숨도 여생도 여기에서는 오직 하나
> 찾는 자에게만 열리는 길, 사막의 길은 구하는 자에게만 보일 뿐이다
> —「사막을 건너는 법—영화 <아라비아의 로렌스>를 보다」 부분

진정한 시인은 "말을 버리게" 되고 "시간을 잊게" 되는 사막에서, "사막의 길"을 새롭게 찾으며 다시 말을 되찾고 시간을 되돌리는 연금술사이다. 그는 '텅 빈 충만'의 가슴에 물기를 가득 담은 채 "큰 붓"으로 "온몸으로" 선인장 같은 말을 짓는 존재들이다. "율려律呂가 무엇인가 본색本色이 무엇인가/ 짓는 것이다 큰 붓을 들고 온몸으로/ 쓰는 것이다 다른 세상에 가도 붓을 들고/ 노는 것이다 비어 있음의 충만을 위하여"(「80년 동안 잘 놀았다─정진규 시인 장지에서」). 그렇게 사람 사막에서 선인장을 기적처럼 자라게 하며, 생텍쥐페리처럼 우물 도르래의 노래를 길어 올리는 자이다.

다시, 문제는 물기다. 사막에서 오아시스의 가능성은 우물이다. 사람 사막의 도시에서 선인장의 근원 또한 물기다. 비의 기운이다. 옛날에는 천문을 읽는 일이 쉽지 않았다. 언제 비가 올지 날이 맑을지 예측하는 일이 쉽지 않았다. 『삼국지』에서 제갈공명의 이름이 높은 이유 중의 하나는 그가 천문을 잘 헤아리고 그에 따라 전쟁의 흐름을 바꾸는 신기를 보였기 때문이다. 가령 적벽대전 같은 경우가 대표적이다. 그 옛날 군주들은 누구나 공명 같은 천관을 두고 싶어 했을 것이다. 고대 중국의 우禹 임금이 그랬듯이 치수治水는 군주의 으뜸 되는 덕목 중의 하나였다. 그래서 비가 오지 않으면 천관이 정한 길일을 택해 기우제를 지냈다. 민간에서도 다양한 기우祈雨 풍속이 있었다. 가뭄이 심하면 병에 물을 담고 소나무나 버드나무 가지로 마개를 한 다음 추녀 밑에 거꾸로 매달았다. 그러면 병 속의 물이 가지와 잎을 따라 땅에 방울방울 떨어지게 된다. 그런 풍경처럼 부디 하늘에서도 비가 내리기를 집집마다 빌었다. 이른바 현병기우懸瓶祈雨가 그것이다. 『사람 사막』에 실린 이승하의 시 역시 헌병기우처럼 물을 담은 병이 아닐까. 그런 맥락에서 물을 담은 병들의 시를 일종의 기우시祈雨詩라고 불러보면 어떨까. 점점 더 사막화의 악화일로 경향을 보이는 인간의 대지에 비를 구하는 간절한 시혼詩魂으로 쓴 간곡한 기후시다. 사막화는 다방면으로 진행된다. 기후 위기로 인한 지구의 사막화 경향에 대해서는 이미 여섯 번째 종말론에 이르기까지 다양한 담론들이 제출된 바 있다. 이승하 역시 그런 환경 문제에 대응하기 위한 여러 시편을 창작한 바 있다. 그것을 외적 사막화라 한다면, 이번 시집에서 더 집중한 것은 내적 사막화 경향이다. 어쩌면 지구의 사막화 속도보다 더 심각하게 인간 내면이나 영혼의 사막화 경향이 가속화되는 것 아닌가 하는 우려와 긴장감으로 쓰인 시편들로 보인다. 사물의 본질이나 본바탕, 혹은 사물이나 일 따위의 기본이 되는 것이라는 뜻에서 기우基宇도 터무니없이 일그러진 경우가 많다. 또 그가 착목한 사람사막에서는 기개와 도량을 아울러 이르는 기우氣宇라는 말도 제대로 쓰기 어려운 실정이다. 이런 사람 사막의 풍경에서 시인은 자신의 비관이나 우려가 한갓 기우杞憂이기를 바라지만, 소망과는 달리 폭력과 광기로 넘쳐나는 현실은 매우 엄중하다. 독자들 또한 마찬가지다. 이 시집을 읽으면서 우리는 사막으로 치닫는 악화일로의 폭력과 광기들이 예외적인 기이한 인연으로 만난, 즉 기우奇遇였으면 좋겠다는 생각을 하게 되지만 꼭 그렇지 않다. 사막화, 폭력화, 불모화는 이제 상수常數에 값한다. 그러기에 이승하의 기우시는 더욱 간절할 수밖에 없다. 『어린 왕자』에서 그랬던 것처럼 사막 깊은 곳에, 사람 사막의 깊은 곳에 숨어 있는 우물을 깨우기 위한 절절한 노래다.

사람 사막

초판 1쇄 인쇄일 | 2023년 8월 5일
초판 2쇄 발행일 | 2023년 9월 5일
지은이 | 이승하
펴낸이 | 김미아
펴낸곳 | 더푸른 출판사
편　집 | 하종기

출판 등록 2019년 2월 19일 제 2009-000006호
경기도 평택시 송탄로40번길 46, 101동 1602호

전화 | 031-616-7139
팩스 | 0504-361-5259
E-mail | dprcps@naver.com
홈페이지 | https://blog.naver.com/dprcps

ISBN 979-11-981736-2-1(03810)

값 12,000원

* 지은이와 협의에 의해 인지는 생략합니다.
* 잘못된 책은 구입하신 곳에서 교환해 드립니다.